12살까지
공부 버릇 들이는
엄마의 습관

JUNISAI MADE NI 'BENKYO GUSE' WO TSUKERU OKAASAN NO SHUKAN
Copyright © Yoshiko Kusumoto 2016
Korean translation rights arranged with
CCC Media House Co., Ltd.
through Japan UNI Agency, Inc., Tokyo and KOREA COPYRIGHT CENTER

12살까지
공부 버릇 들이는
엄마의습관

초판 1쇄 발행   2018년 5월 24일

지은이   구스모토 요시코
옮긴이   정선영
출판기획   경원북스
등록   2018년 3월 27일 (제307-2018-15호)
펴낸곳   경원출판사(경원북스)
주소   서울시 중구 퇴계로 272번지 아도라타워 601호
전화   02-2607-2289
팩스   02-6442-0645
인쇄   (주) 두경프린텍
이메일   kyoungwonbooks@gmail.com

ISBN 979-11-963727-0-5 (03370)
정가 12,000원

잘못된 책은 본사나 구입하신 서점에서 교환해 드립니다.

이 도서의 국립중앙도서관 출판예정도서목록(CIP)은 서지정보유통지원시스템 홈페이지(http://seoji.nl.go.kr)와 국가자료공동목록시스템(http://www.nl.go.kr/kolisnet)에서 이용하실 수 있습니다. (CIP 제어번호: CIP2018014141)

12살 까지
공부 버릇 들이는
엄마의 습관

구스모토 요시코 지음 | 정선영 옮김

경원북스

12살까지 「공부 버릇」 들이는 엄마의 습관

구스모토 요시코 (「자녀 미래교실」 원장)

　제가 고등학교 3학년 때의 일입니다. 대학 입시를 앞둔 교실은 긴장감이 맴돌고 있었습니다. 그런데 그런 분위기 속에서도 제 옆자리의 남학생은 주변 친구들과 달랐습니다. 수험생 같지 않은 느긋한 여유가 있었고 눈에 불을 켜고 공부하는 모습은 전혀 찾아볼 수 없었습니다. 절대 이 친구는 공부를 하지 않았을 거라고 생각했는데, 시험 성적표를 보고는 깜짝 놀랐습니다. 전부 높은 점수였기 때문입니다. 의아하게 생각했던 저는 그 남학생에게 "어떤 공부를 하고 있니?"라고 물어보았습니다. 그러자 "그냥 드러누워 교과서를 읽는 것뿐인데?"라고 대답하는 것이었습니다.

그런 말도 안 되는 공부법은 있을 수 없다고 생각했는데, 이후 그 친구는 우수한 국립 대학교에 합격했습니다.

「시간을 많이 들이지 않고 공부해도 우수해질 수 있다!」
「앞으로 나에게 아이가 생긴다면 이러한 아이로 기르고 싶다!」

'그럼, 어떻게 하면 이런 상황들이 가능해질 수 있을까?'라는 생각으로부터 저의 「공부」에 관한 탐구가 시작되었습니다.

저는 대학생이 된 후 가정교사를 시작했습니다. 저보다 2살 어린 고등학생을 맡게 되었는데, 성적이 오르면 얼굴 가득 환한 미소를 지으며 기뻐했습니다. 그때 저는 가르치는 것이 너무 즐거웠습니다. 같은 내용을 가르쳐도 아이에 따라 이해도가 전혀 달랐고, 같은 방법으로 설명을 해도 반응은 놀라울 만큼 달랐습니다. '이 아이에게는 어떤 방식으로 가르치는 것이 좋을까?'라는 고민을 하며 시행착오를 반복했던 것이 제 아이를 기를 때에도 도움이 되었다고 생각합니다.

그렇게 딸과 아들, 두 명의 아이를 키우면서 가정교사로 복귀했을 때 또 하나의 새로운 발견이 있었습니다. 그때까지는 「가르친다」는 입장에서만 아이를 바라보고 있었는데, 제 자신이 부모가 되고 나서야 지금까지는 보지 못했던 부분을 볼 수 있게 되었습니다. 그것은 부모가 아이에게 미치는 영향에 대한 것이었습니다.

「공부를 잘하는 아이와 좀처럼 발전하지 않는 아이는 부모나 가정에 따라 차이가 있을까?」 이러한 이야기는 아이를 키우는 엄마에게는 상당히 신경 쓰이는 주제일 것입니다. 그러나 확신을 가지고 말씀드리자면, 분명히 차이가 있습니다! 매우 확실한 차이가 있습니다! 그리고 그 차이는 바로 부모가 「공부 좀 해라!」라는 간섭을 하는지 안 하는지, 이 한 가지로 설명할 수 있습니다.

「차이」라는 것은 아이가 스스로 원해서 공부하게 되는 것과 아무리 시험이 코앞으로 다가와도 전혀 공부하려고 하지 않는 것, 이 두 갈래의 갈림길을 말합니다. 자기 스스로 공부하는 아이는 점점 더 능력을 발전시켜 나가겠지만, 부모가 꽥꽥거리며 잔소리를 해야 겨우겨우 울며 겨자 먹기로 공부를 하게 되는 아이는 순식간에 망가져 버릴 수도 있습니다.

「아이에게 부모는 어떤 존재인 걸까?」
「어떤 부모가 어떤 아이로 길러내는 걸까?」

저는 가정교사가 직업이기도 했지만, 공부에 관해서는 부모의 역할이 너무나 중요하다는 것을 알게 되었습니다. 아이를 발전시키는 것도, 아이를 망가뜨리는 것도 부모입니다. 아무리 타고난 능력이 출중하다고 해도 노력하지 않으면 그 아이는 발전할 수가 없습니다. 반대로, 지극히 평범한 능력을 가지고도 열정적으로 노력한 아이는 갈수록 발전해 나갈 것입니다.

성장을 좌우하는 것도 역시 부모입니다. 아이가 공부를 하지 않는 것이 전부 부모 탓이라고는 할 수 없지만, 많은 부모들이 아이에게 도움을 주겠다고 하는 행동들이 오히려 아이에게 해가 되는 경우가 많습니다.

자세한 내용은 본문에서 설명하겠지만, 부모가 아이의 공부에 적극적으로 개입하여 이것저것 도와주는 것을 권장하는 것이 아닙니다. 방임주의가 좋다고 주장하는 것도 아닙니다.

다만, 「공부 좀 해라!」라는 잔소리를 하지 않고도 아이 스스로 책상에 앉을 수 있도록 하려면 중학교 입학 때까지 즉, 12살까지가 승부를 걸어야 하는 시점입니다.

제 아이들은 각자의 희망대로 대학에 입학할 수 있었습니다.

그렇다고 저와 똑같은 아이 키우기 방식을 따라 하면 좋다고 말할 생각도 없습니다. 제가 가정교사와 학원 강사의 입장에서 지켜봐 온 아이들과 부모들의 이야기도 마찬가지입니다.

 이 책의 내용을 참고하기 바라긴 하지만, 절대 그대로 따라하지는 마세요! 아무 고민 없이 그냥 따라하지 말고 「내 아이에게 어떻게 하는 것이 가장 좋을지」를 이 책을 통해 정확히 찾아내기를 바랍니다. 그리고 부모 자신이 편해질 수 있는 방법에 대해서도 꼭 생각해 보세요! 아이가 재능을 발전시키는 것과 동시에 부모들도 아이 키우기를 마음껏 즐겨 보세요!

목차

01 | 아이 키우기에 「정답」은 없어요!

호랑이엄마가 되지 않기 위해 알아두어야 할 13가지

02 아이를 발전시키는 「말 걸기」의 비결!

질문형 커뮤니케이션으로 부모도 아이도 행복해지기

03 학습의 첫걸음은 「집」에 있어요!

「혼자 스스로 공부하는 아이」가 자라는 가정 만들기

04 「발전하는 아이」로 만들기 위한 Q&A

01
아이 키우기에
「정답」은 없어요!

호랑이 엄마가 되지 않기 위해
알아두어야 할 13가지

01

아이 키우기에
「정답」은 없어요!

호랑이 엄마가 되지 않기 위해 알아두어야 할 13가지

아이 키우기에 자신 있는 엄마는
어디에도 없어요!

「아이 키우기는 24시간 365일 연중무휴인 것 같아요!」

「유아기 때는 신체적인 변화가 급격히 많아지고, 초등학생이 되면 학교에서의 갈등과 문제가 많아지죠!」

「뭔가 특별히 한 것도 아닌데, 하루가 눈 깜짝할 사이에 지나버려요!」

아마도 이렇게 느끼고 생각하는 엄마들이 많지 않을까요? 저에게는 지금 생각해도 얼굴이 하얗게 질려버릴 것만 같은 아찔한 기억이 있답니다. 제 아들이 3살이었을 때 일어난 일입니다. 시청에서 서류를 적고 있던 아주 잠깐 사이에 제 옆에 있어야 할 아들이 사라져 버린 것입니다. 시청이 넓었기 때문에 처음에는 조용히 아들의 이름을 부르며 찾고 있었는데 아이의 모습은 보이지 않았습니다. 저는 점점 두려워져서 남의 이목도 신경 쓰지 않고 결국 큰 소리로 아들의 이름을 부르며 찾기 시작했습니다.

제 머릿속에서 '혹시 밖으로 나가버린 것은 아닐까? 아니면, 유괴……?'라는 망상이 점점 퍼지고 있었던 그때, 직원으로 보이는 남자가 멀리 반대편 계단을 손으로 가리키며 "지하 식당 쪽에 있었어요."라고 알려 주었습니다. 폭풍 질주를 하여 달려갔더니, 계단 난간에 매달려서 계단을 올라오는 아들의 모습이 눈에 들어왔습니다. 저를 보자마자 반가움에 얼굴 가득 미소를 지으며! 엄마는 정신이 반쯤 나간 모습이었을 텐데 아들의 그 해맑은 웃음이란!

벌써 20년이 훨씬 지난 일이지만, 무사히 아들을 발견하고 안심이 된 동시에 온몸에서 기운이 쫙 빠져버렸던 일을 지금도 또렷이 기억하고 있습니다. 엄마인 제가 얼마나 걱정했을지, 혼자가 되면 어떠한 위험이 찾아올지를 3살 아이에게 어떻게 설명해 주어야 할까 심각하게 고민했었습니다.

어떤 경우, 어떠한 상황에서도 어린 자녀의 손을 놓아서는 안 됩니다. 잘 알고 계실 것입니다. 그래도 저와 같은 상황은 찾아옵니다. 하물며 다른 일은 어떨까요? 아이를 키우면서 어떻게 하면 좋을지 모를 일들을 수없이 만나게 됩니다. 옳다고 생각했었던 일이 틀린 경우도 있습니다. 아이 키우기는 학교에서 배우는 것이 아닙니다. 「이것이 정답!」이라는 단 한 가지 방법도 없습니다. 그래서 대부분의 엄마들이 길을 찾아 헤매고 고민하면서 아이를 키워 나가고 있는 것이 아닐까요?

저도 정말 많은 시행착오를 겪으며 아이를 키웠습니다. 육아와 아이에 관한 책뿐만 아니라 심리학과 뇌 과학 등의 책도 많이 읽으며 저만의 육아법이라고 말할 수 있는 것을 계속 찾아 왔습니다. 그리고 마침내 이런 식으로 (무사히) 두 명의 아이를 의젓한 성인으로 길러낼 수 있었습니다.

　이러한 제 자신의 아이 키우기 경험뿐만 아니라 가정교사와 학원 강사로서 수많은 가정과 아이들을 지켜보아 온 경험을 통해 깨달은 사실들과 생각들을 정리한 것이 바로 이 책입니다. 이 책이 앞으로 아이를 키워야 하는 엄마들에게 도움을 드릴 수 있기를 바랍니다.

다시 돌아갈 수 없는 소중한 날들! 그래서 지금 즐겨야 해요!

　아이 키우기를 끝낸 엄마들이 모이면 종종 옛날이야기가 화제가 될 때가 있습니다. 아이를 키우던 당시의 생각들을 떠올리면서 이야기를 하는 것은 즐거운 일입니다. 그리고 이런 이야기를 나눌 때마다 항상 나오는 화제가 있습니다.

"지금 생각해 보면, 아무 것도 아닌 일에 너무 심각하게 고민했어요."

"그렇게 잔소리를 하지 않았으면 좋았을 텐데!"

"전혀 초조해할 필요가 없었어요! 좀 더 아이에게 시간을 줄 걸!"

엄마들의 생각은 모두 똑같습니다. 한 엄마는 모임에서 이러한 말을 했습니다.

"너무 화를 많이 냈었어요. 아이가 불쌍해질 정도의 행동을 했었지요."

이 엄마는 아들을 공원에서 놀게 하고 있었습니다. 많은 아이들이 미끄럼틀에서 놀고 있었을 때, 이 아들만은 미끄럼틀 위에 올라서자마자 무서워하며 울기 시작했다고 합니다. 다른 아이들은 모두 즐겁게 미끄럼틀을 타고 내려오는데 혼자서만 못 내려오고 있었던 것입니다. 이 상황을 지켜본 엄마는 아들에게 "앉아서 내려오기만 하면 돼! 쉬워! 무섭지 않을 거야!"라고 부드럽게 말해 주었습니다. 하지만 아들은 시간이 흘러도 미끄럼틀을 타려고 하지 않았습니다. 엄마의 목소리는 점점 거칠어졌고 결국에는

아이 스스로 책상에 앉을 수 있도록 하려면
중학교 입학 때까지 즉, 12살까지가
승부를 걸어야 하는 시점입니다.

"빨리 타고 내려와!"라고 화를 내고 말았습니다. 아들은 한층 더 큰소리로 울부짖었습니다. 그래도 이 엄마는 계속 화만 내고 있었습니다. 엄마 자신은 그 당시 어떻게 해도 수습이 안 되는 상황이었다고 말했지만, 지금에 와서는 한낱 미끄럼틀 때문에 왜 그렇게 화를 냈던 것인지 후회하고 있었습니다.

이 이야기를 남자들에게 했더니, "엄마가 너무 심하네! 아이에게 트라우마가 되겠어!"라고 이런저런 말들을 했지만, 저는 이 엄마의 마음이 충분히 이해됩니다. 설마 내 아이가 미끄럼틀을 타고 내려올 수 없다니, 생각지도 못했던 상황에 놀라고 당황했을 것입니다. 다른 아이들은 당연히 할 수 있는 일을 내 아이만 할 수 없다는 것! 혼자만 못 하면 함께 놀 수가 없고 또래집단에서 외톨이가 될지 모릅니다. 그런 가여운 상황을 당하도록 놔둘 수 없었을 것입니다. 엄마는 초조함과 불안감으로 가득 찼을 것입니다.

많은 생각들을 마음속에 품으면서 하루하루 아이 키우기에 분투하고 있는 것은 여러분뿐만이 아닙니다. 모두 똑같은 생각입니다. '이토록 힘든 아이 키우기가 도대체 언제까지 계속되는 걸까?'라는 생각에 우울해질 때가 있을지도 모릅니다. 그래도 아이가 대학 진학, 취직, 결혼 등으로 언젠가 집을 떠날 것이고 생각보다 빨리, 다시 부부 단 둘만의 생활이 됩니다. 시간은 상상했던 것 보다 훨씬 빨리 흐릅니다.

아이들과 웃으면서 뒹굴거나 스킨십을 하면서 장난치는 일이 가능한 것은, 지금 이 순간뿐입니다! 이 시간은 두 번 다시 돌아오지 않습니다. 아이와의 하루하루를 소중히 보내세요! 그리고 이 소중한 시간을 꼭 즐겨 주시기를 바랍니다. 분명 아이를 키우는 것은 힘들지만, 힘들기 때문에 오히려 즐겨 보자는 마음을 잊지 마세요!

엄마들이 하고 있는 걱정은 망상일지도 몰라요!

엄마가 아이를 걱정하는 것은 당연한 일입니다. 걱정하는 일이 업무로 느껴질 만큼 걱정의 불씨는 꺼지지 않습니다. 물론 저도 걱정이 많습니다. 딸이 대학 진학을 위해 집을 떠난 지 얼마 지나지 않았던 당시에는 메일의 답장이 오지 않는 것만으로도 불안해졌습니다. 너무 걱정이 되어 두 세통의 메일을 보낸 후에 살아 있다면 답장 좀 하라는 협박성 메일까지 보낸 적도 있습니다.

나중에 딸한테 물어보았더니, 다음 날 제출해야 할 과제 때문에 밤샘 작업을 하고 있어서 엄마의 「쓸데없는 메일」에 시간을 쓸 여유조차 없었다고 대답했습니다. 걱정이 많았던 탓에 제 마음대로 무슨 일이 생겼을지도 모른다고 상상했던 것이었습니다.

이랬던 제가 드디어 깨달음을 얻게 된 것은, 번역가이면서 평론가인 시라토리 하루히코(白取春彦)씨가 집필한 『머리가 좋아지는 사고 기술』(디스커버 21)에 들어있는 「걱정은 악(惡)과 마음가짐 이다!」의 한 구절 때문이었습니다.

당신은 "걱정하고 있어요!"라고 말한다. 그런데 당신이 하고 있는 걱정은 망상이다. 망상은 당신의 몸과 마음에 상처를 입히고, 망상을 말로 내뱉으면 당신은 상대방한테 경멸을 당할 것이다.

이 구절이 말한 대로, 저는 아이에게 뭔가 안 좋은 일이 일어났을 거라는 강력한 망상의 세계를 펼치게 되었고 그 결과로 몸도 마음도 완전히 지쳐 버리고 말았습니다.

안 좋은 일을 이것저것 상상하면 도대체 무엇이 좋다는 말인가! 걱정하는 것은 상대방을 도와주는 것이 아니다. (중략) 걱정이 마치 배려인 것처럼 큰 착각을 하고 있다. 그러나 실제로는 자신의 망상과 놀고 있는 한 인간일 뿐이다.

생각해 보면, 불안과 걱정으로부터는 그 무엇도 생기지 않습니다. 그저 부모의 자기만족일 뿐인데 부모에게나 아이에게나 스트레스가 되는 법입니다. 「아플지도 몰라!」 「다쳤거나 사고를 당했을지도 몰라!」 부모라면 이런 걱정을 하는 것이 당연합니다. 그래서 아이에게 주의를 주거나 충고를 하는 것은 필요합니다. 하지만 지나친 것은 무조건 금물! 걱정이라는 명목으로 아이 인생의 로드맵을 만들어 주거나 부모가 원하는 인생을 살게 하려고 키우는 것은 부모의 역할이 아닙니다.

목표로 하고 싶은 것은, 아이가 스스로 생각하여 옳은 길을 선택할 수 있도록 만들고, 실패를 하면서도 아이 스스로의 힘으로 다시 일어서서 나아갈 수 있도록 만드는 것!

만약 여러분 스스로가 너무 걱정을 많이 하는 경향이 있다고 생각된다면, 차라리 잠시라도 아이에 관한 모든 것에 대해 생각하는 것 자체를 그만두는 것도 좋은 방법입니다.

항상 옳은 말을 하는 것이 옳지만은 않아요!

저는 예전에 아이 앞에서는 「옳은 말」만 해야 한다는 생각에 푹 빠져 있었습니다. 그런데 어른이 되어 사회생활을 할 때에는 언제나 옳은 말만 하는 「고지식함」이 꼭 좋은 것만은 아닙니다. 겉으로 좋게 포장할 수 없는 일들도 많습니다. 이것을 어떠한 방식으로 아이에게 가르쳐 주면 좋을지 고민하고 있었습니다.

그랬던 당시에 한 권의 책과 만났습니다. 바로 심리학자 가와이 하야오(河合隼雄)씨가 집필한 『마음의 처방전』(신조문고)이었습니다. 사실 이 책은 아이들이 초등학생일 때 다녔던 학원에서 추천도서로 소개받았던 책이었습니다. 초등학생이 이러한 책을 읽는다는 생각에 놀라면서 저도 읽고 있었습니다. 부모와 자식에 관한 것만 쓴 책은 아니지만, 많은 깨달음과 지식을 얻을 수 있었습니다. 목차의 일부분을 소개하겠습니다.

1. 타인의 마음을 이해할 리가 없다!

3. 100% 옳은 충고는 일단 도움이 안 된다!

5. 이해해 주는 부모를 가진 아이는 견딜 수 없다!

13. 성실하라는 말은 그만해라!

이 네 가지 항목만이라도 꼭 읽어 보기를 추천합니다! 물론 옳은 말을 하지 말라고 주장하는 것이 아닙니다. 그런데 항상 옳은 말만 하고 있으면 아이는 도망갈 곳이 없어져서 귀를 막고 이야기를 들으려고 하지 않게 됩니다.

저는 이 책을 읽은 덕분에 항상 옳은 말을 하는 것이 정답은 아니라는 사실을 알게 되었지만, 이 사실과 함께 아이에게 무엇을 가르쳐 줘야 할지는 부모가 꼼꼼히 생각해야 한다는 사실도 알게 되었습니다.

어른들의 세계에는 「본심(속내)과 명분(원칙)」이 있습니다. 어렸을 때 항상 아버지로부터 모든 사람들에게 평등하게 친절히 대하라는 말을 들어왔다는 남자가 있었습니다. 그런데 그가 결혼하게 되었을 때 아버지는 "저런 가난한 집 딸과 결혼하면 우리 돈을 전부 빼앗겨 버릴 거야!"라는 말을 했다고 합니다. 그는 어렸을 때 배웠던 도덕적인 생각과의 격차에 충격을 받아 아버지에 대해 불신감을 가지게 되었다고 털어놓았습니다.

집안에 따라 사고방식이나 방침은 다릅니다. 남에게 폐를 끼치는 일은 당연히 안 되겠지만, 여러분이 마음속으로 생각한 적도 없었던 것을 옳은 일이라는 이유만으로 아이에게 알려주는 것이 무슨 효과가 있을지 모르겠습니다. 게다가 부모가 손바닥 뒤집듯이 사고방식을 바꾼다면 아이는 어떻게 해야 좋을지 모를 것입니다. 본심(속내)이든 명분(원칙)이든 아이 키우기 법칙이라고 생각하는 것이 있다면, 설령 아이가 어른이 되었다고 해도 절대 바꿔서는 안 됩니다!

아이가 공부해 주기를 바라는 부모라면 가장 먼저 해야 할 일!

원래는 생판 남남이었던 부부도 오랜 세월을 함께 살아오면 어느새 생활 습관, 태도, 사고방식 등이 닮아 갑니다. 태어났을 때부터 함께 지내고 있는 아이의 경우는 말할 필요도 없습니다.

평상시에 늘 TV가 켜져 있는 가정에서는 아이도 TV를 자주 봅니다. 부모가 야구 중계를 자주 본다면 아이는 야구를 좋아하게 될 것이고, 부모가 축구 경기를 자주 본다면 아이도 축구에 대해 잘 알게 될 것입니다. 부모가 운동을 좋아해서 항상 부모와 아이가 함께 운동을 한다면 당연히 아이는 운동을 잘하게 될 것입니다. 부모가 도서관이나 서점에 가는 것을 좋아하는 가정에서는 아이도 책을 좋아하게 될 것입니다. 어렸을 때부터 핸드폰을 좋아하고 청소년이 되자 핸드폰만 쳐다보고 있는 아이가 있다면 역시나 그 부모도 핸드폰만 만지작거리고 있을 수 있습니다.

제가 가정교사를 하면서 많은 가정을 방문해 보니, 성적이 좋은 아이가 있는 집에는 역시 책이 많이 갖추어져 있었습니다. 실용서나 비즈니스 관련 서적 등 부모가 자신의 공부를 위해 구입한 책들과 다양한 분야의 책들이 갖추어져 있습니다.

저희 집에서는 일부러 아이의 성적을 올리려고 의도한 것은 아니지만, 우연히도 저와 남편 둘 다 서점에 가는 것을 좋아해서 가족끼리 외식을 하고 나면 꼭 서점에 들렀습니다. 가족 네 명이 각자 좋아하는 책이 있는 곳으로 가서 구경하거나 가끔은 다함께 모여 책을 고르기도 했습니다.

그랬던 탓인지 딸은 유학 중에도 자주 서점에 갔던 모양입니다. 제가 유학 중인 곳을 찾아갔을 때에 제 딸은 마음에 드는 서점을 안내해 주었습니다. 어렸을 때 몸에 배인 습관이 해외에서의 생활에도 그대로 남아 있어서 놀라움과 기쁨을 느꼈습니다.

아이는 부모를 정확히 보고 있습니다. 그리고 아이의 입장에서는 부모가 곧 어른입니다. 자기 부모의 모습을 보고 어른은 이러한 사람이라는 생각을 합니다. 어떠한 일에도 최선을 다해 열심히 하는 부모의 모습을 보고 있는 아이는 그것을 「노력하고 있다」고 받아들이는 것이 아니라 그것이 당연한 것이라고 느낍니다.

늘 건성으로 대충 일하며 게으름 피우는 부모를 보고 있으면 그것이 일반적인 어른의 모습이며 다른 가정도 그럴 거라고 짐작합니다. 부모 스스로가 평상시에 책을 읽거나 「공부」를 하고 있다면 아이도 공부하는 것이 당연한 일이라고 생각합니다. 그렇게 한다면 입 아프게 "공부 좀 해라!"라는 잔소리를 하지 않아도 자연스럽게 아이 스스로 공부를 하게 될 것입니다.

아이가 고쳐 주기를 바라는 것이나 아이가 해 주기를 바라는 것이 있다면, 우선은 부모 스스로가 모범이 되어 보세요! 아빠는 퇴근하고 집에 돌아오면 무엇을 하고 있습니까? 엄마는 무엇을 하고 있습니까? 내 아이가 공부해 주기를 바란다면 부모가 취미든 뭐든 좋으니까 푹 빠져서 몰입하고 있는 모습을 아이에게 보여주는 것, 이 방법이 가장 효과적입니다.

부모의 「고마워!」라는 말이
아이의 자신감을 길러 줘요!

어른이든 아이든 자신감이 없다면 아무 것도 할 수 없습니다. 공부든 운동이든 무엇을 한다고 해도 자신감은 무조건 필수입니다. 그렇다면, 자신감은 어떻게 기르면 좋을까요? 우선, 가장 기본이 되는 것은 부모의 사랑입니다.

부모로부터 사랑받고 있다면 아이 자신은 스스로를 소중한 인간이라고 생각하게 됩니다. 아이는 부모가 자신을 지켜주고 있다고 생각하면 용기와 자신감을 가지고 다양한 일들을 해나갈 수 있을 것입니다. 반대로, 만약 자신이 부모로부터 미움을 받고 사랑은 받지 못하고 있다고 생각한다면 어떨까요? 아이 자신은 스스로에게 자신감을 가지지 못하고 남을 신뢰하는 것도 어려워지지 않을까요?

고등학생을 대상으로 한 의식 조사에서 「자신은 가치 있는 인간이라고 생각한다」는 물음에 「정말 그렇다」와 「보통 그렇다」
의 대답이 미국은 89.7%, 중국은 87.7%였던 것에 비해, 일본은
36.1%였다고 합니다.(히토츠바시(一ツ橋) 문예교육진흥협회, 일본청소년
연구소/2011년) 아무리 국민성의 차이가 있다고 하더라도 일본의
낮은 수치에 깜짝 놀랐습니다.

딸이 고등학생 시절에 캐나다에서 1년 동안 홈스테이를 하고
있었을 때, 저도 일주일 정도 그곳에 놀러 간 적이 있었습니다.
홈스테이 가정에는 8살 아이가 있었는데 식사 도중에 예의에 어
긋난 행동을 했을 때 아이의 부모는 호통을 치지 않고 "그렇게
행동해선 안 돼!"라고 계속 타이르고 있었습니다. 그리고 아이가
부모가 말한 대로 잘못된 행동을 그만두면 "Thank you!"라는 말
을 하는 것이었습니다.

이 말은 "부모가 말한 것을 실천해 줘서 고마워!"라는 의미뿐
만 아니라 "쉽지 않았을 텐데 잘 해냈구나!"라고 아이의 행동을
인정해 주는 말이 아닐까요? 이 가정뿐만 아니라 홈 파티에서 다
른 가족들이 모였을 때에도 똑같은 광경을 목격했습니다. 부모가

주의를 준 행동을 아이가 제대로 고치면 부모는 "Thank you!"라고 말하며 아이를 칭찬해 주었습니다. 그 아이가 3살이든 5살이든 나이는 상관없었습니다. 어떠한 상황에서든 아이가 해낸 일을 칭찬하고 인정해 주었습니다.

이 광경을 보고는 정말 놀랐습니다. 일본에서는 예를 들어 전철 좌석에 얌전하게 앉아 있지 않는 아이에게 주의를 주고, 이후 아이가 바르게 앉아 있게 되었어도 부모는 아이에게 아무 말도 해 주지 않습니다. 제 자신도 그러한 상황에서 아이에게 뭔가 말을 해 주었던 기억이 없습니다.

일본 고등학생들의 자기평가 수치가 매우 낮다는 사실을 알게 되었을 때, 저는 이 경험을 떠올렸습니다. 집안에서의 습관도 원인 중의 하나일 거라고 생각했습니다. 못하는 것이나 부족한 부분만 눈에 보여서 「주의를 주는」 생활! 할 수 있게 된 것을 「칭찬하는」 생활! 하루하루 쌓여지는 것들은 아이의 마음에 큰 영향을 끼칩니다. 아이는 결점만 지적받으면 사랑받고 있다고 느끼기 어렵고 자기 자신에게 자신감도 가질 수 없게 됩니다.

물론 부모가 아이를 사랑하는 것은 당연한 일이지만, 부모의 사랑이 아이에게 전달되지 않는 것은 의외로 흔히 있는 일입니다. 당연히 알고 있을 거라고 생각하지 말고, 아이에게 듬뿍 애정표현을 해 주면서 아이의 자신감을 길러 주세요!

아이의 재능을 발전시키는 부모의 믿어 주는 힘!

여러분은 자신의 아이가 장래에 어떠한 어른이 되어 주기를 바라고 있습니까? 과거와는 달리 무슨 일이 언제 일어날지 모르는 세상입니다. 고학력 고스펙을 쌓아서 대기업에 취직해도 명예퇴직을 당하거나 회사가 도산하는 등의 예기치 않은 사태에 휘말릴 수도 있습니다.

「아이가 하고 싶은 일을 스스로 찾아내고, 또 그 일에 매진할 수 있는 사람이 되어 주기를 바란다!」「살아나가는 힘과 어떠한 곤경에도 맞서나갈 수 있는 힘을 가지고, 스스로 생각하고, 스스로 잘못된 길은 끊어내어 부술 수 있는 당찬 사람으로 키우고 싶다!」「언제나 즐겁게 웃음이 끊이지 않는 가정에서 무엇보다 고생하지 않고 머리가 똑똑해져 준다면 최고!」이러한 이상적인 아이 키우기가 가능하다면 참 좋겠지요? 하지만 엄마들 중에는 다음과 같은 말을 하는 사람이 있습니다.

"타고난 머리가 다르기도 하고……"
"부모의 유전자가 이 모양이니까……"

여러분도 「내 아이는 이 정도!」라고 아이의 한계를 마음대로 정해 놓고 있지 않습니까? 굉장히 안타까운 일이라고 생각합니다. 아이의 능력은 부모의 상상을 훨씬 뛰어넘고 있습니다. 부모는 아이가 가진 능력의 몇 %를 이끌어내고 있을까요? 제대로 100% 전부를 이끌어낼 수 있을까요?

어느 초등학교에서 다음과 같은 실험이 이루어졌다고 합니다. 아이들에게 지능 테스트를 한 후, 거짓 결과를 담임교사에게 전달했습니다. 무작위로 고른 여러 명의 아이에 대해 「이 아이는 능력이 있다!」고 믿게 만들었습니다. 실제 테스트 결과와는 전혀 달랐습니다. 1년 후, 놀랍게도 이 아이들은 다른 아이들에 비해 압도적으로 능력이 발전했습니다. 교사가 그 아이들에게 기대를 갖고 행동한 결과라고 합니다.

부모도 마찬가지입니다. 아이의 능력을 진심으로 믿고 기대한다면, 그 기대의 시선으로 아이를 바라보며 더욱 능력을 발전시킬 수 있을 것이라는 적용이 가능해집니다. 아이도 그 사실을 의식하고 행동하게 됩니다. 반대로, 아이에게 「이 아이는 이 정도!」라고 한계를 지으면 무의식적으로 그러한 식의 태도를 취합니다. 아이는 그런 부모의 태도를 민감하게 받아들입니다. 중학생이나 고등학생이 되었을 때에는 "어차피 나는……" "나 따위는 어차피……"라는 말이 입버릇처럼 되어 있을지도 모릅니다.

아무리 직접 말로 하지 않아도 부모가 무의식적으로 생각하고 있는 것은 아이에게 전달되고 있습니다. 게다가 그 결과가 나오는 것은 불과 몇 년 후입니다. 여러분의 아이는 부모가 생각하고 있는 것 이상의 많은 능력을 가지고 있습니다. 우선은, 여러분이 마음 속 깊이 진심으로 아이를 믿어 주세요!

아이가 「돌아가고 싶어 하는 집」으로 생각하고 있을까요?

'아이들은 놀기만 해도 돼!'라는 식으로 생각하는 부모들이 있습니다. 그런데 자신의 어린 시절을 떠올려 보세요! 즐거운 일만 있었던 것은 아닐 것입니다. 학교에서 공부를 하든지 친구와 놀고 있든지 언짢은 일은 생깁니다. 그렇게 인간관계의 실랑이가 있는 것은 어른이든 아이든 마찬가지입니다. 업무 때문에 상사와 트러블이 있어서 지긋지긋하다고 느끼며 집에 돌아오는 날도 있고, 친구와 싸우고 우울해져서 집에 돌아오는 날도 있습니다. 그렇기 때문에 적어도 집에서만은 마음 편안히 안심하고 쉴 수 있는 장소가 되기를 바라고 있지 않습니까?

세상을 살아가면서 트러블은 항상 있는 법입니다. 그럴 때, 집에 돌아오자마자 귀신처럼 무서운 표정을 한 엄마로부터 "뭐 하다가 이제 오는 거야?" "빨리 손 씻고 와!" "빨리 숙제해!"라는 말을 듣는다면, 아이는 어떠한 기분이 될까요? 화난 얼굴로 고함치는 아내의 목소리를 듣는 남편은 어떤 생각을 할까요?

엄마가 항상 화를 잘 내고 고함치는 집이 있습니다. 아빠는 그러한 분위기의 집에 들어가고 싶지 않으니까 점점 귀가시간이 늦어집니다. 아예 집에 들어가지 않는 아빠도 있습니다. 그렇게 되면 엄마는 한층 더 기분이 안 좋아져서 아이를 향해 마구 화풀이를 합니다. 가끔 집에 들어오는 아빠는 아이에게 다정합니다. 당연히 아이들은 엄마보다는 아빠를 더 좋아하게 되고, 아빠 편이 될 것입니다. "엄마인 저는 이렇게 열심히 아이를 키우고 있는데, 아이는 오히려 전혀 육아에 협조해 주지 않는 아빠(남편)를 더 좋아하다니, 너무 속상해요!" 엄마는 이렇게 한탄하듯이 말하며 남편과 아이에게 더 강도 높은 화풀이를 하게 됩니다. 갈수록 악화되는 소용돌이에 휘말리는 것입니다.

아이는 「어른들의 사정」 따위는 모릅니다. 그러니까 남편과의 관계가 어떻든 간에 느끼는 감정 그대로 아이에게 화풀이하는 것은 그만두세요! 그렇게 하는 것이 얼마나 힘든 일인지 저도 잘 알고 있지만, 아이는 부모를 지켜보고 있습니다. 지금은 이해하지 못해도 언젠가는 반드시 이해해 줄 것입니다. 그리고 여러분이 어떠한 상황에서도 아이 편이었던 것처럼 아이가 절대적인 내 편이 되어 줄 것입니다.

「아이가 돌아가고 싶어 하는 집!」「안심되고, 안정되고, 힐링이 되는 집!」이러한 집으로 만드는 것은 결코 어렵지 않습니다. 단지 엄마의 웃는 얼굴만 있으면 됩니다. 엄마가 웃는 얼굴로 "잘 다녀왔니?"라는 말로 반갑게 맞아 주고, 직장을 다니는 엄마라면 "다녀왔어!"라고 웃는 얼굴로 집에 돌아오고, 그러고 나서 엄마는 아이가 해 주는 이야기에 관심을 보이며 들어주고, 이것만으로도 충분합니다!

아이를 향한 사랑이 「지배」로 바뀔 때!

모든 부모는 아이가 좋은 인생을 살아 주기를 바라고 있습니다. 불행해졌으면 좋겠다고 생각하는 부모는 없습니다. 좋은 학교에 가고 좋은 직장에 취직하기를 바라는 부모도 많을 것입니다. 그러나 아이에게 도움이 될 거라는 생각으로 하는 말과 행동이 실제로는 전혀 도움이 안 되는 결과를 만들어내는 경우도 있습니다. 그것을 사랑이라고 착각하고 있을지도 모르지만, 단지 부모의 희망사항일 뿐이고 아이가 부모와 똑같이 생각하는 것이 아니라면 그것은 「지배」입니다. 부모의 임무라는 명목으로 아이를 대할 때 「이렇게 해야만 해!」 「이렇게 해 주었으면 좋겠어!」 「왜 이런 행동을 하는 거지?」 「이렇게 하면 절대 안 돼!」라는 생각을 하는 것 자체가 모두 부모의 「지배」인 것입니다.

한 여고생은 엄마로부터 "너는 분명 이걸 좋아할 거야!" "너는 분명 여기가 마음에 들 거야!" "이 학교가 좋으니까 여기로 정해!"라는 말을 듣고, 자신의 진로를 부모가 하라는 대로 결정했

아이는 「어른들의 사정」 따위는 모릅니다.
그러니까 남편과의 관계가 어떻든 간에
느끼는 감정 그대로 아이에게 화풀이하는
것은 그만두세요!

습니다. 진로 이외에도 부모의 말이라면 어떻게 하고 싶은지 생각조차 하지 않고 부모의 꼭두각시가 되었습니다. 그러나 정작 부모가 정해 준 고등학교에 다녀 보니 견딜 수 없을 만큼 너무 싫어서 공부를 하지 않게 되었습니다. 당연히 성적은 갈수록 떨어졌습니다. 그래도 여학생 자신은 성적 하락의 원인이 무엇인지 모르고 있었습니다. 어느 날 면담시간 때 선생님으로부터 "그건 네 의견이니? 부모님 의견만 말하는 것 같은데?"라는 말을 듣고, 여학생은 처음으로 알게 되었습니다. 「부모님이 원하는 것은 내가 하고 싶은 것이 아니야!」 「고등학교도 전혀 나와 맞지 않아!」 「부모님은 대학교도 정해 주었지만 내가 가고 싶은 학교가 아니야!」라는 사실을!

아이는 부모의 소유물도 아니고 지배를 당하는 존재도 아닙니다. 아이가 자기 생각대로 되지 않으면 안절부절 못하는 엄마도 있겠지만, 애초에 자식은 부모 생각대로 되지 않는 존재입니다. 아이를 위한 것이라고 생각했었던 것들이 어쩌면 착각일지도 모릅니다. 사랑이라는 것은 지배나 컨트롤이 아니라 믿어 주고 지켜주는 것입니다.

그리고 한 가지 더 생각해 주기를 바라는 것은 여러분이 늙었을 때입니다. 지금처럼 건강하지 않을 것입니다. 몸 상태도 안 좋을 수 있습니다. 그때 여러분이 아이에게 했던 말과 행동들이 부메랑처럼 그대로 되돌아올 것입니다. 지금 아이에게 화만 내고 있다면 늙었을 때 어른이 된 아이가 여러분에게 화만 낼 것입니다. 아이를 지배하듯이 키운다면 여러분의 노후는 아이에게 지배를 당하는 날이 찾아오는 것입니다.

지금 현재 아이에 대해 신중하게 생각하고 지배가 아닌 사랑으로 아이를 키워 나간다면, 10여년 후에 여러분에게 아무리 힘든 간병이 필요한 상황이 찾아와도 아이는 꺼려하지 않고 진심으로 정성껏 돌봐줄 것입니다. 아이를 키운다는 것은, 앞으로의 여러분을 위하여 하는 일이기도 합니다. 평소에 아이와 어떻게 소통하고 있는지 한번 되돌아보세요!

엄마 자신을 되돌아볼 시간을 만들기 위한 힌트!

아이를 키우고 있는 엄마는 바쁩니다. 엄마인 자신과 느긋하게 마주 대할 시간 따위는 좀처럼 만들 수 없습니다. 그래도 여러분 자신의 기분과 마음의 상태를 정확히 파악하는 것은 아이를 키우는데도 중요한 일입니다.

평소에 엄마로서 아이를 향해 하고 있는 말과 생각을 적어 보면, 지금까지 알아차리지 못했던 것을 발견하거나 엄마로서의 자신을 냉정하게 되돌아볼 수 있습니다. 생각나는 대로 적기만 해도 자신의 생각을 객관적으로 볼 수 있습니다. 이렇게 하다 보면 앞으로의 좋은 대처방법도 생각날 수 있습니다. 실제로 대부분의 엄마들이 「아이가 알 수 있도록 설명할 수 없다!」 「너무 엄격하게 아이를 대한다!」 등을 뒤늦게 알아차립니다. 자신의 말과 생각들을 적을 느긋한 여유가 없을 수도 있지만, 한꺼번에 모든 것을 적어서 정리할 필요는 없습니다. 5분 정도면 충분하니까 매일매일 한 가지씩 적을 수 있도록 시간을 만들어 보세요!

이번 기회에 여러분이 어떠한 상황일 때 기쁜지, 어떠한 일에 행복함을 느끼는지, 여러분의 마음속을 들여다보세요! 틀림없이 새로운 자기 자신을 발견할 수 있을 것입니다. 그렇지만 무엇을 적어야 할지 잘 모르겠다는 분들을 위하여 아래와 같이 몇 가지 항목을 예로 들어 놓았습니다. 예시를 참고하여 『엄마를 위한 자기 발견 리스트』에 적어 보세요!

1. 어제 아이에게 무슨 말을 했습니까?
2. '이러한 말을 해도 괜찮을까?'라는 의문이 들었으면서도 아이에게 해 버린 말이 있습니까?
3. 어떠한 상황일 때 화를 내게 됩니까? 어떠한 일에 불안해집니까?
4. 불안하고 초조할 때 아이에게 자주 하게 되는 말이나 문구가 있습니까?
5. 아이로부터 듣고 의욕이 생겼던 말이 있습니까?
6. 당신이 만약 아이라면, 엄마로부터 무슨 말을 듣고 싶습니까?

〈여기까지 오면, 2번과 4번을 다시 봐 주세요!〉

7. 아이의 좋은 점을 10가지 이상 적어 보세요!

8. 아이가 있어서 기뻤던 일들을 적어 보세요!

(예) 아이가 건강하게 태어나 주었다.
아이 입에서 나온 첫 단어가 「엄마」였다.
무엇인지 모르겠지만 선물을 주었다.
내가 지쳐 있을 때 아이가 "괜찮아?"라며 말을 걸어 주었다.

9. 아이가 태어나기 전과 태어난 후, 여러분이 변화된 것을 적어 보세요!

(예) 내 자신이 가장 소중했는데, 나보다 소중한 존재가 생겼다.
내 자신에 관한 일이라면 따졌겠지만, 아이에 관한 일은 참게 되었다.

10. 나만의 스트레스 해소법을 50가지를 목표로 적어 보세요!

(예) 좋아하는 음악을 듣는다.
꽃꽂이를 한다.
친구와 전화로 수다를 떤다.
뜨개질을 한다.
인터넷으로 가고 싶은 장소를 검색한다.
좋아하는 케이크를 사 와서 혼자 다 먹는다.
필요 없어진 그릇들을 비닐봉투에 넣고 망치로 부순다.

엄마를 위한 자기 발견 리스트

아이를 키울 때 가장 중요한 것은, 부모가 흔들리지 않는 것!

아이를 키울 때 가장 중요한 것은 「부모가 흔들리지 않는 것」입니다. 상황에 따라 부모가 하는 말이 바뀌면 아이는 혼란스러워합니다. 그리고 아이는 자신의 입장에서 편한 방향으로 상황을 맞추어 나갑니다. 예를 들어, 아이에게 뭔가 규칙을 지키게 하려면 어떠한 상황에서도 규칙을 관철시켜야 합니다. '내 기분이 좋으니까 오늘만은 허락해 줘야지!'라고 생각해서는 안 됩니다. 평소에는 "아이스크림은 한 개만 먹어야 해!"라고 말하면서 좋은 일이 있는 날에는 "오늘은 두 개 먹어도 돼!"라고 말하지 않습니까? 아이는 일단 두 개를 먹어도 괜찮다는 말을 들은 이상, 다음부터는 두 개 먹고 싶다는 말을 꺼내게 됩니다. 아이의 이러한 반응은 당연합니다. 그렇기 때문에 아무리 기분이 좋아도 항상 안 된다고 말해 왔던 것은 어떠한 상황에서도 절대 안 된다고 말해야 합니다. 「부모가 흔들리지 않는 것」이 바로 이것입니다.

기분이 좋을 때, 마음이 평온할 때, 불안하거나 초조할 때 등의 그때 당시의 기분에 따라 아이에게 하는 말이 달라지는 부모가 많을 것입니다. 특히 스트레스가 쌓여서 불안할 때는 평소라면 신경 쓰지 않던 것에도 예민하게 화를 내기 쉽습니다. 평소에는 TV를 시간에 구애받지 않고 계속 봐도 된다고 허락해 줘놓고, 기분이 안 좋은 날에는 30분만 보고 있어도 화를 내는 상황을 말합니다. 이러한 식으로 부모가 하는 말이 기분에 따라 바뀌면 아이는 '어른들은 늘 말이 바뀌네!'라고 생각하며 더 이상 부모가 하는 어떠한 말에도 수긍하지 않게 됩니다.

사람이라면 누구든지 기분이 좋은 날도 있고 안 좋은 날도 있는 법입니다. 스트레스도 있을 것입니다. 매일 힘들다는 생각만 하는 엄마가 자신의 감정에 좌우되는 것도 어쩔 수 없는 일! 그래도 안 좋은 감정이나 스트레스를 아이에게 화풀이하면 아이 입장에서는 달갑지 않습니다. 엄마라면 제대로 감정을 조절하여 스트레스를 담아두지 않는 생활을 하도록 다짐해야 합니다. 그렇게 하기 위해 필요한 것이 언제든지 사용할 수 있는 여러분 나름대로의 스트레스 해소법입니다. 앞에서 알려드린 스트레스 해소법은 어떠셨습니까? 하찮은 것이라도 적어 놓으면 새로운 아이디어가 떠오를 것입니다. 생각이 날 때마다 계속 추가하여 적어 놓으세요!

저는 요즘 정원의 잡초를 뽑으면 이상하게도 마음이 평온해집니다. 흙을 만지면서 '기분이 편안해지네! 귀농을 해야 하나?'라는 엉뚱한 생각을 하고 있습니다. 스트레스 해소도 아주 소소한 즐거움도 일상생활에 쫓기면 잊어버리기 쉽습니다. 특히 기분이 가라앉았을 때는 시야가 좁아지기 때문에 생각을 떠올리는 것이 어려워집니다. 그럴 때는 여러분의 말과 생각을 적어 놓은 『엄마를 위한 자기 발견 리스트』를 읽어 보세요!

아이에 대해 적어 놓았던 말이나 생각이 의외로 많이 기억나지 않을 것입니다. '그러고 보니, 전에 이러한 말을 했었나?' '예전에는 이러한 식으로 주의를 주었구나!' 라는 생각에 깜짝 놀랄 수도 있습니다. 그런데 분명 아이는 엄마보다 꼼꼼히 기억하고 있을 것입니다. 스트레스 해소를 하면서 여러분 자신도 잘 기억하고 있어 주세요!

아이 키우기를 즐기려면
가끔은 아이 키우기를 잊어버리세요!

「아무리 아이 키우는 것이 바빠도 가끔은 나만의 시간을 갖자!」

「아이를 향한 나의 생각과 태도를 되돌아보자!」

「스트레스를 담아두지 않도록 신경 쓰자!」

「제대로 감정을 조절하여 아이에게 화풀이하지 않도록 하자!」

「말과 행동이 흔들리지 않도록 일관성을 유지하자!」

'이러한 마음가짐을 실천하는 것은 너무 힘들어!' '지금도 충분히 버거운 일상인데 더 많은 것을 신경 써야 하는 건 나한테는 무리야!'라고 생각하는 엄마들도 많을 것입니다. 하지만 조금 다른 관점에서 봐야 합니다. 분명히 위에 적은 마음가짐들은 신경 써서 실천하면 좋겠지만, 만약 엄마 스스로가 괴롭다고 느낀다면 아무 소용없는 일입니다. 아이 키우기에 온 정성을 쏟고 있어서 괴로운 마음을 품고 있는 엄마들도 많지만, 아이도 역시 매일 괴로워하는 엄마를 보는 것이 괴로울 것입니다.

조금 과격한 발언이지만, 제 생각에는 너무 아이 키우기에 몰두하여 지나칠 정도로 필사적이라면 차라리 아무것도 하지 않는 것이 더 좋을 것 같습니다. 물론 「육아 포기」는 논외입니다. 그렇게 될 정도라면 괴로워도 「호랑이 엄마」가 더 낫습니다.

이 점은 착각하지 말아 주세요! 엄마도 한 사람의 인간입니다. 엄마 자신의 삶을 소중히 여겨야 한다는 사실을 잊지 않고 지냈으면 좋겠습니다. 그렇게 해야 아이에게도 좋은 영향을 줄 수 있습니다.

저는 예전부터 옷 만들기가 취미라서 아이들이 초등학생이 된 이후부터는 남편이 없는 밤에 「집안일 안 하기 선언」을 하고 혼자서 옷 만들기에 푹 빠져 지낸 적이 있었습니다. 누구에게도 방해 받지 않고 재봉틀을 돌릴 수 있는 행복! 아이들도 그 날은 스스로 저녁밥을 준비해야 하는 상황이라서 냉장고 안을 들여다보고는 "저것으로 만들자!" "이것이 먹고 싶어!"라고 이야기를 나누며 밥상을 차렸습니다. 아이들이 「엄마는 이렇게 ○○(제 경우는 옷 만들기)을 좋아하는 구나!」라는 인식을 가지는 것은 매우 중요합니다. 왜냐하면 부모가 몰두할 수 있는 취미를 가지고 있으면 아이는 그것을 일반적이라고 생각하여 아이 자신도 뭔가 몰두할 수 있는 취미를 가지고 싶다는 생각을 하게 되기 때문입니다. 어쩌면 그 취미로부터 지금까지 몰랐던 새로운 재능이 발견되어 아이의 장래를 크게 변화시키는 계기가 될 수도 있습니다. 그렇게 되지 않는다고 해도 뭔가 한 가지 일에 몰두하여 생기는 효과는 굳이 말하지 않아도 알 것입니다. 물론 취미에 몰두한 경험으로부터 공부를 할 때도 열정이 생기게 됩니다. 「좋아하는 것에 관한 것이라면 얼마든지 알아보거나 배울 수 있다!」 이 습관이 공부로도 이어지는 것입니다.

한 가지 더 큰 효과는, 뭐니 뭐니 해도 아이가 뭔가에 몰두해 준다면 부모가 편해진다는 사실입니다! 아이가 좋아하는 악기나 운동을 배우러 학원에 가 있는 시간이 저에게는 자유시간이 됩니다. 책을 읽는다거나 만들어 보고 싶은 옷의 원단을 사러 간다거나 분위기 좋은 카페에서 차를 마신다거나 하는 혼자만의 자유를 느낄 수 있습니다. '그러한 나만의 자유시간 같은 것은 이미 오래전부터 없어!'라는 생각을 하는 엄마들은 꼭 취미를 가져 보세요! 취미가 생기면 틀림없이 스트레스도 쌓이지 않고 매일 즐겁게 지낼 수 있게 될 것입니다. 매일 즐거워하는 엄마의 밝은 모습을 아이에게 꼭 보여 주세요!

성공의 법칙은 없어요!
하지만 실패의 법칙은 똑같아요!

이 세상에는 수많은 육아 교육서가 있습니다. 이 책 역시 육아 교육서 중의 하나입니다만, "이제 다른 책은 읽지 않아도 됩니다! 이 책의 내용만 믿고 따라하세요!"라는 말은 하고 싶지 않습니다. 왜냐하면 아이 키우기에 정답은 없기 때문입니다. 이 책에 쓰여 있는 것도 「이렇게 하는 것이 더 좋을 것 같다!」는 하나의 제안일 뿐이라서 모든 부모와 아이에게 딱 들어맞는 충고는 될 수 없습니다. '왜 아이 키우기는 학교에서 가르쳐 주지 않는 것일까?'라는 생각이 들 때가 자주 있습니다. 체육시간에 성(性)에 대해 가르쳐 주는 것처럼 가정시간에 아이 키우는 기본 지식을 가르쳐 줘도 좋을 것 같다는 생각도 했습니다.

저는 가정교사와 학원 강사로서 많은 아이들과 그 부모들을 만나 보았습니다. 이 경험으로부터 발전하는 아이가 있는 가정(부모)에는 많은 공통점이 있다는 사실을 알게 되었습니다. 마찬가지로 좀처럼 발전하지 못하는 아이, 능력은 있는데 무너져 버리는 아이가 있는 가정(부모)에서도 공통점을 발견했습니다. 아이 키우기에 국한되지 않고 이 세상의 어떠한 일에도 「성공의 법칙」이라는 것은 없습니다. 하지만 실패하는 것은 똑같은 패턴입니다. 그렇기 때문에 이 책에서 소개하는 것을 그대로 흉내 내어 따라한다고 해도 좋은 결과가 나올 것이라는 보장은 없습니다. 그러나 「이것은 안 돼!」라는 주의사항 만큼은 어떠한 가정의 어떠한 아이에게도 적용되는 것이라고 생각합니다.

사람이 성장하는 환경은 똑같은 부모로부터 태어난 형제라도 완전히 똑같지는 않습니다. 타고난 것이 다르기 때문에 어떠한 사람이 될 것인가도 다릅니다. 중요한 것은 여러분의 아이에게 어떻게 하는 것이 가장 최선인가 하는 것입니다.

「어떻게 하면 내 아이가 스스로 공부하게 될까?」
「어떻게 하면 내 아이의 능력을 발전시켜 줄 수 있을까?」

여러분의 아이에게 꼭 맞는 정답을 찾으려는 노력을 아끼지 마세요! 평소에 아이와 나누는 대화도 아이를 꾸짖을 때의 말투도 「어떻게 하는 것이 아이에게 가장 효과적일까?」를 항상 신중하게 생각해 주세요! 공부 방법이나 취미 학습, 또는 평소 생활 습관 등도 해당됩니다. 잘 모르는 누군가에게 해당하는 정답이 아니라 여러분의 아이에게만 해당하는 정답이 분명 있을 것입니다.

성실한 엄마일수록 단 한 가지의 정답만을 찾으려고 엄마 자신을 괴롭히는 경향이 많습니다. 이것을 바꿔 말하면, 정답은 무수히 많다는 의미가 됩니다. 보물찾기를 하고 있는 기분으로 이것저것 도전해 보세요! 익숙해지지 않으면 힘들 수도 있습니다. 그래도 도전하여 찾아보는 엄마의 노력이 아이를 발전시키는 지름길이 되고, 엄마 자신도 편해집니다. 왜냐하면 무의미하게 화를 낸다거나 쓸데없는 걱정을 할 필요가 없어지기 때문입니다.

이 책에는 여러분과 여러분의 아이를 「편하게」 「즐겁게」 만드는 힌트가 들어있다고 생각해 주세요! 한 가지가 안 된다고 해서 미리 포기하지 마세요! 아이의 장래뿐만 아니라 여러분 자신의 인생을 위해서도!

02

아이를 발전시키는
「말 걸기」의 비결

질문형 커뮤니케이션으로
부모도 아이도 행복해지기

02

아이를 발전시키는
「말 걸기」의 비결!

질문형 커뮤니케이션으로 부모도 아이도 행복해지기

아이의 의욕을 무너뜨리는 가장 강력한 말은?

여러분은 어제 하루 동안 아이에게 「빨리 해!」라는 말을 몇 번이나 했습니까? "빨리 일어나!"로 시작하여 "빨리 먹어!", "빨리 정리해!", 그리고 "빨리 자!"까지 셀 수 없을 만큼의 「빨리 해!」를 아이에게 강요하고 있지는 않습니까?

엄마가 "빨리 공부 좀 해!"라고 다그치면 "지금 막 하려고 했단 말이에요!"라고 퉁명스럽게 대답하는 아이! 부모와 자식 사이에서 자주 볼 수 있는 대화 패턴입니다. 엄마의 입장에서는 '늘 거짓말만 늘어놓네. 할 마음도 없으면서 변명만 하고 있어.'라는 생각이 들 것입니다. 정말 아이는 할 마음이 없었을지도 모릅니다. 하지만 그것은 부모 탓! 왜냐하면 「빨리 해!」라는 말이 아이의 의욕을 무너뜨리고 있기 때문입니다.

뇌과학자인 모기 켄이치로(茂木健一郎)씨는 『결과를 낼 수 있는 사람이 되자! '바로 움직이는 뇌'를 만드는 법』(학연 퍼블리싱)이라는 책에서 「명령을 받게 되면, 뇌는 스스로 움직일 수 없다!」라는 주장을 하고 있습니다.

누구든지 그렇겠지만, 일이든 공부든 남에게 하라는 말을 들은 후에 하는 것이 아니라, 눈앞의 과제를 「하고 싶으니까 한다」는 경우에 당장 행동할 수 있습니다. 왜냐하면 인간은 한번 「하라고 해서 어쩔 수 없이 하고 있다」고 수동적인 느낌을 가지게 되면, 뇌가 억제를 당하여 전두엽을 중심으로 한 「의욕 회로」가 좀처럼 작용하지 않기 때문입니다. 이것은 뇌과학 분야에서 이미 입증이 된 사실입니다.

다시 말해, 부모가 「빨리 해!」라는 말을 하면 할수록 아이의 의욕은 점점 더 줄어들게 되는 것입니다. 반대로 "빨리 해!"라는 엄마의 말에 "네, 알겠습니다."하며 바로 행동하는 아이가 있다면 어떨까요? 그 아이는 스스로 생각하고 행동하는 것이 불가능한 인간이 되고 말 것입니다. 엄마가 하라는 것을 전적으로 다 듣고 있다면 진정한 의미에서의 「현명한 아이」는 되지 않을 것입니다.

가끔 부모들 중에 "부모가 하는 말을 잘 들어!"라고 하면서 막상 아이가 질문을 해 오면 "스스로 생각해 봐!"라고 하는 부모가 있습니다. 아이의 입장에서 보면 어느 쪽이 맞는 건지 이해되지 않을 것입니다. 부모가 하는 말을 잘 듣도록 평소에 가르치고 있다면 아이는 어떻게 하면 좋을지 항상 부모에게 질문하게 됩니다. 스스로 생각하는 힘을 잃어버리는 것입니다. 「빨리 해!」라는 말을 할 때마다 아이의 「의욕」을 빼앗고 있다는 사실을 명심해 주세요! 그리고 정말 필요한 경우에만 「빨리 해!」라는 말을 쓰겠다고 마음속으로 다짐합시다!

「빨리 해!」라는 말이 대학 입시를 실패하게 만들 수 있어요!

「빨리 해!」라는 말은 엄마들이 가장 많이 쓰는 말 중의 하나가 아닐까요? "빨리 일어나!", "빨리 세수해!", "빨리 밥 먹어!", "빨리 자!" 등 도대체 매일 몇 번의 「빨리」를 말하고 있을까요? 입장을 바꿔 만약 여러분의 엄마(또는 시어머니)가 하루 24시간 착 달라붙어 쫓아다니며 "빨리 일어나라!", "더 빨리 음식을 만들어라!", "왜 그렇게 둔하니? 빨리 해라!"라고 끊임없이 말한다면 어떤 기분일까요? 엄청난 스트레스 때문에 도망쳐 버리고 싶어질 것입니다.

엄마들도 바쁘게 시간에 쫓기고 있다는 것은 잘 알고 있습니다. 하지만 입버릇처럼 "빨리 해!"라고 말하는 횟수를 조금만이라도 줄여 보면 어떨까요? 그것보다도 우선은 「꼼꼼히 제대로 할 수 있는 것」을 목표로 삼아 보세요! 어떠한 일이라도 꼼꼼히 제대로 할 수 있어야 비로소 빨리 할 수 있게 하려는 노력과 시도가 가능해지는 것입니다. 평소에 「빨리 해!」라는 말을 계속 들어온 아이는 뭔가에 쫓기고 있는 상황에 처해 있다는 것이 습관처럼 되어 늘 초조해합니다. 이 기분이 어른이 되어도 사라지지 않을 것입니다. 항상 쫓기고 있다는 생각을 하고 있어서 무슨 일을 하더라도 대충대충 적당히 하게 됩니다. 결코 해야 할 모든 일을 재빠르고 정확히 해낼 수 없게 됩니다. 어린 아이라면 항상 당황해하며 신발을 신기 때문에 뒤꿈치를 밟는 버릇이 생기는 경우도 있습니다. 방 정리도 아무리 재빠르게 끝내도 어디에 무엇이 있는지 모른다면 아무런 의미가 없습니다.

공부도 마찬가지입니다. 「빨리 해!」의 폐해는 특히 대학 입시 공부를 할 때에 나타납니다. 수능 시험일에 이름 적는 것을 깜빡 잊어버리거나 정답을 다른 문제의 정답 칸에 적는 등의 덤벙대는 실수가 치명타가 될 수 있습니다. 열심히 공부해서 어려운 문제도 풀 수 있게 되었지만 이러한 사소한 실수로 점수를 깎아먹는 아이가 실제 있습니다. 이러한 덤벙대는 실수도 부모의 양육방식에 따라 줄일 수 있을 거라고 생각합니다. 어렸을 때부터 제대로 꼼꼼히 하라는 말을 듣고 자란 아이와 단지 빨리 하라는 말만 계

속 듣고 자란 아이 중에 어느 아이가 덤벙대는 실수를 하지 않을
지는 충분히 알 수 있을 것입니다.

　어떤 엄마는 학교 선생님과의 면담에서 "덤벙대는 실수를 없
애려면 어떻게 하면 될까요?"라고 물었더니 "성격을 고치는 방
법밖에 없습니다."라는 답변을 들었다고 합니다. 이런 답변을 들
어도 성격을 바꾸는 것은 쉬운 일이 아닙니다. 아이도 부모도 평
소의 사고방식부터 모든 일상생활까지를 전부 바꿔야만 하고, 이
또한 중 고등학생이 된 이후에는 매우 어려워집니다. 그러므로
아이가 유치원생이나 초등학생일 때「꼼꼼히 제대로」하는 습
관이 몸에 배도록 하고나서 천천히「빨리」해 나가도록 지도해
주세요! 정말 서둘러야만 하는 상황이 아닌데도 빨리 하라는 말
이 튀어나올 것 같다면 어떻게든 꾹 참아 보세요!

「어떻게 할래?」라는 질문을 해야 아이의 의욕이 생겨요!

인간인 아이는 태어났을 때 다른 동물들처럼 금방 일어설 수가 없습니다. 일어서기는커녕 우는 것 외에는 전혀 아무것도 못하는 상태입니다. 부모나 어른들이 모든 것을 해 줘야만 합니다. 갓난아이 때부터 하나씩 차근차근 알려주며 길러 나가는 것입니다. 그래서 엄마들은 아무래도 이렇게 해라 저렇게 해라 지시를 많이 할 수 밖에 없습니다. 그것은 지극히 당연한 일입니다. 그런데 아이가 몇 살이 되어도 부모가 모든 것을 지시하고 있다면 어떨까요? 지시나 명령만 받고 있다면 스스로 생각하고 행동할 수 있는 인간으로 자라기는 어려울 것입니다. 이 세상을 잘 살아갈 수 있기를 바라면서 지도하고 있는 것이 오히려 아이를 혼자 살아가기 어렵게 만들지도 모릅니다.

엄마가 아이 키우기에 열성적이면 열성적일수록 아이의 인생은 괴로워집니다. 이러한 가정을 자주 봅니다. 차라리 방치하는

부모가 「빨리 해!」라는 말을 하면 할수록
아이의 의욕은 점점 더 줄어들게 되는 것입니다.

것처럼 보일 정도로 무관심한 편이 아이를 더 생기발랄하게 합니다. 공부도 아이 스스로가 하려고 결심하면 성적이 쑥쑥 올라가는 경우가 많습니다. 부모가 열성적으로 진지하게 아이 키우기에 몰두하면 할수록 오히려 아이를 망치게 된다는 슬픈 일이 일어나서는 안 됩니다. 말할 필요도 없이 열성적인 것이 나쁜 것은 아닙니다만, 열성적으로 아이를 키운다는 것이 절대로 일방적으로 지시를 한다는 것은 아닙니다.

그렇다면 어떻게 하면 좋을까요? 정답은 「빨리 해!」라는 명령을 「어떻게 할래?」라는 질문으로 바꾸는 것입니다. 단지 이렇게만 하면 되는 것인지 의심스럽지요?

예를 들어, 항상 "빨리 해!"라는 말을 하려고 할 때 "오늘은 몇 시에 잘 거니?"라고 물어봅니다. 그리고 아이에게 잘 시간을 대답하게 합니다. 아이 스스로가 정하는 것이 포인트입니다. 절대로 엄마가 말하는 시간으로 정하면 안 됩니다. 왜냐하면 다른 사람이 결정한 것이나 명령을 받은 것은 의욕을 빼앗기 때문입니다. 반대로 자기 스스로가 결정한 일이라면 반드시 하려고 생각합니다. 아이 스스로 결정하게 하면 아이의 의욕을 끌어올릴 수 있는 것입니다. "공부해!"라는 일방적인 명령을 "공부는 잘 되고 있니?", "지금 공부하면서 힘든 것은 어떤 거니?"와 같은 질문으로 바꾸는 것만으로도 아이의 속마음을 읽을 수 있는 계기가 됩니다. 여기에 더하여 "숙제해!"가 아니라 "오늘 숙제는 뭐니?", "어떤 것이 어렵고 어떤 것이 쉽니?", "어떤 것부터 시작할 거니?", "오늘 계획을 세워 보면 어떨까?"라고 질문과 함께 제안을 해 보세요! 이렇게 하여 아이가 스스로 행동하도록 지도해 나가는 것입니다.

아이 스스로가 결정한 것이라면 그것을 해낸 후의 성취감도 전혀 다릅니다. 엄마가 하라고 한 것을 끝마쳐서 기쁜 것은 아이 자신이 아니라 명령한 엄마입니다. 아이 스스로가 결정한 일이어야 그 일을 해냈을 때 성취감과 기쁨을 느끼게 됩니다. 하기 싫어하면서 하는 것과 성취감을 느끼면서 하는 것과는 큰 차이가 있습니다. 날마다 성취감이 있다면 공부를 하는 것이 고통스럽지 않고 오히려 즐거워지게 됩니다. 그렇게 한다면 부모가 아무 말 하지 않아도 아이 스스로 자진해서 공부하게 될 것입니다.

부모의 질문에 따라 아이의 대답이 달라져요!

아이가 학교에서 돌아왔을 때 "학교 어땠니?"라고 물어보는 엄마들이 많은 것 같습니다. 그렇게 물었을 때 대답해 주는 아이라면 괜찮겠지만, 이런 질문은 너무 포괄적이라서 대답하기 난감합니다. 예를 들어, "오늘은 ○○랑 놀았니?"라든가 "점심시간에는 뭐 했니?"와 같은 구체적인 질문을 하면 아이도 대답하기 쉬울 것입니다. 이렇게 질문에 따라 대답은 달라집니다. 그래서 아이가 많은 이야기를 해 주기 바란다면 많이 대답할 수 있는 질문을 해야 합니다. 아이가 많은 이야기를 하도록 만드는 것은 「부모의 질문 능력」에 달려있습니다.

아이가 많은 이야기를 해 준다면 부모는 아이에 대하여 더 자세히 이해할 수 있습니다. 부모들은 자신이 아이를 잘 알고 있다고 생각할지도 모르지만, 대부분의 부모들은 「착각」으로 아이를 키우고 있습니다. 갓 태어난 아기라면 하루 종일 함께 있으니까 말 그대로 아이의 모든 것을 알고 있다고 장담할 수 있겠지만, 유치원생을 거쳐 초등학생, 중학생으로 성장함에 따라 함께 지내는 시간은 점점 줄어듭니다. 아이에게는 부모가 모르는 세계가 있습니다. 이를 알아차리지 못한 채 아이를 키운다면 언제 어느 때가 되어도 아이를 잘 키우기는 어렵습니다. 아이가 무슨 생각을 하고 있는지, 지금은 어떠한 상황에 있는지, 어떠한 것에 관심을 가지고 있는지, 그리고 어떠한 고민이 있는지, 어떠한 불안함을 느끼고 있는지를 알 수 있는 기회가 되는 것이 바로 「아이와의 대화」입니다. 그런데 "어땠니?"와 같은 애매한 질문으로는 대답하기 어렵고 "응!" 또는 "아니야!"로 대답하게 되는 질문이라면 딱 한 마디 대답으로 끝나버립니다.

아이가 대답하기 쉬운 질문으로 해 보세요! "어떠니? 어때?"라고 추궁하듯 물어보면 아이는 대답해 주지 않습니다. 대답해 주기는커녕 아예 입을 딱 다물어 버릴지도 모릅니다. 예를 들어 "오늘 추웠는데, 교실 난방은 되어 있었니?" 또는 "오늘 급식 중에 ○○는 맛이 어땠니?"라는 식의 질문으로 시작하는 것도 좋을 것 같습니다. 추상적이지 않은 구체적인 대화 소재로 질문을 하는 것이 중요합니다.

아이가 대답해 준다면 그 대답에 이어서 구체적인 질문을 하여 점점 이야기를 넓혀 나갑니다. 「언제? 어디에서? 누가?/누구와? 무엇을? 어떻게? 왜?」와 같은 육하원칙(5W1H)으로 질문하는 것도 좋은 방법입니다. "오늘은 ○○랑 놀았니?"라는 질문에 "응!"이라고 대답했다면 "언제? 점심시간? 아니면 방과 후?"라는 질문으로 한 번 더 물어보세요! 이 질문에 아이가 "점심시간!"이라고 대답한다면 "뭘 했는데?"라는 식의 질문을 하며 조금씩 아이의 이야기를 끌어내는 것입니다. 아이가 중학생이 되면 반항적으로 변하여 어떠한 질문을 해도 "몰라~!"라는 대답만 하며 아무런 이야기도 해 주지 않게 됩니다. 학교에서의 생활에 대해 자세히 들을 수 있는 것도 초등학생 때까지이기 때문에 아이가 이야기하고 싶어지는 「지혜로운 질문」이 필요하다는 사실을 꼭 기억해 두세요!

아이는 질문에 어울리는 대답을 하며 「생각하는 힘」을 길러요!

인간은 질문을 받으면 그 질문에 대답하려고 생각을 하게 됩니다. 두뇌를 사용하는 것입니다. 부모가 질문을 많이 한다면 아이의 「생각하는 힘」을 기르는 것에 영향을 미치게 됩니다. 어느 중학교 선생님이 요즘 아이들은 트러블이 생겼을 때 제대로 된 설명을 하지 못한다며 한숨을 지었다는 말을 들었습니다. 취업을 위한 면접시험에서 질문에 대한 적절한 대답을 못하는 대학생도 많다고 들었습니다. 이러한 일은 어릴 때부터 「질문에 어울리는 대답」을 하는 습관이 몸에 배어 있지 않은 것이 원인이 아닐까요? 시험을 볼 때 문제의 정답을 외우는 것에만 익숙해져 있어서 질문의 요점을 제대로 파악할 수 없게 된 것일지도 모릅니다. 아이와 일상적인 대화를 나누면서 질문을 던지는 것은 아이의 대답을 이끌어내는 연습이기도 합니다. 그렇다고는 하지만, 어려운 질문을 줄 필요는 없습니다. 학교에서 무슨 일이 있었는지 또는 그때 어떻게 생각했는지 등을 질문으로 건네며 알아내면 됩니다. 아이는 어떻게 대답하면 좋을지 이것저것 생각을 짜내며 다양한 어휘를 구사하게 될 것입니다.

어떠한 상황인지를 모르는 사람에게 자세하게 설명한다는 것은 의외로 어려운 일입니다. 학교 이야기도 마찬가지로, 엄마는 같은 반 친구나 선생님에 대해 모든 것을 알고 있는 것은 아닙니다. 그런 엄마에게도 잘 이해되도록 대답하기 위해 아이는 머리를 쓰는 것입니다. 남에게 이야기를 하면서 자신의 머릿속이 정리되고 생각이 명확해져서 행동하기 쉬워질 수도 있습니다. 어른들도 다른 사람과 이야기하면서 뒤죽박죽이었던 머릿속이 상쾌해지거나 생각이 정리되었던 경험이 분명 있을 것입니다.

그리고 학습한 것이 뇌에 정확히 기억되는 것은 다른 사람에게 설명을 했을 때라고 합니다. 그러니까 아이에게 공부한 내용에 대해서도 적극적으로 질문해 보세요! 책을 읽거나 영화를 보았을 때도 그 감상을 물어보는 것이 중요합니다. 어떤 내용이었는지를 아이가 부모에게 설명하면서 더욱 이해가 깊어집니다. 부모의 입장에서도 아이의 관심거리가 무엇인지 어떠한 것에 감동 받는지를 알 수 있는 기회가 됩니다.

 엄마들과 대화를 나누면서 "우리 딸은 이 책과 이 책을 너무 좋아해요."라는 말을 하면 그것을 놀랍게 여기는 엄마들의 모습을 자주 보았습니다. "저는 제 아이가 좋아하는 책이 무엇인지 몰라요!"라는 말을 하는 엄마도 있습니다. 참 안타까운 일입니다. 평소에 아이와 대화를 하고 있다면 이러한 대답은 나오지 않았을 텐데 말입니다. 부모의 일방적인 질문이 아니라 아이가 자신의 머리로 생각한 것을 자신의 어휘로 이야기할 수 있도록 질문을 건네면서 현명하게 대답을 유도해 보세요! 그렇게 하다보면 부모가 아무것도 묻지 않았는데도 오늘 있었던 일들을 전부 이야기하지 않으면 마음이 후련해지지 않을 정도로 무엇이든 이야기해 주는 아이로 바뀔 수 있습니다.

부모가 이야기를 잘 들어주면 아이는 자신감이 생겨요!

여기서 잠깐 평소 아이와의 대화를 떠올려 보세요. 아이가 말을 거는 것보다도 부모인 여러분이 말하는 경우가 압도적으로 많지 않습니까? 엄마는 바쁘고 게다가 아이가 여러 명이라면 일일이 이야기를 듣고 있을 시간적 여유 따위는 없다는 사실이 엄마들의 속마음입니다. 계속 이어서 해야 할 일들이 쌓여 있고 여기저기에서 트러블이 발생하는 버거운 하루하루를 보내고 있을 것입니다. 저도 익히 잘 알고 있습니다.

예를 들어, 부엌에 서 있을 때 말을 걸어 온 아이의 눈도 보지 않고 "지금 엄마 바쁘니까 이따가!"라는 말을 한 적이 있지 않습니까? 이와 똑같은 상황을 제가 진행하고 있는 세미나에서 엄마들이 체험해 본 적이 있습니다. 2인 1조가 되어 한 명이 다른 한 명에게 말을 걸었습니다. 상대방은 절대로 말을 걸어 온 사람의 눈을 보지 않고 외면한 채 있습니다. 그러자 2분도 지나지 않

아이가 많은 이야기를 해 주기 바란다면
많이 대답할 수 있는 질문을 해야 합니다.
아이가 많은 이야기를 하도록 만드는 것은
「부모의 질문 능력」에 달려있습니다.

아서 말을 걸고 있는 사람이 비명을 지르고는 "안 되겠어요. 계속 이야기를 할 수가 없어요!"라는 말을 했습니다. 그리고 그곳에 모인 엄마들 모두 입을 모아 이렇게 말했습니다. "이런 감정을 아이에게 느끼게 하고 있었네요."

　실제로 경험해 보면 알게 되겠지만, 자신이 말을 걸고 있는데 상대방이 눈을 맞춰 주지도 않고 다른 행동을 하고 있는 장면은 상상할 수 없을 만큼의 충격입니다. 상대방은 자신의 이야기에 관심이 없는, 다시 말해 자신에게 관심이 없는 사람이고 자신을 소중한 존재로 여기지 않고 있다는 느낌을 받게 됩니다.

　아이는 부모가 자신의 이야기를 들어 주지 않으면 소외감에 휩싸이게 됩니다. 자신 따위는 어떻게 되든 관심이 없다고 믿으며 자기 자신의 가치를 하찮게 생각하게 됩니다. 부모의 사랑을 느낄 수 없어서 자신감을 가질 수 없는 아이가 되고 맙니다. 반대로, 아이는 부모가 자신의 이야기를 잘 들어 주면 안심하게 됩니다. 신뢰감도 생기고 사랑도 느낄 수 있습니다. 단, 여기에서 주의해야 할 점이 있습니다. 그것은 바로 「표정」입니다. 예를 들어,

아이가 "급식 당번, 안 하고 도망쳤어!" 또는 "집에 오는 길에 pc 방에서 놀다 왔어!"라는 말을 하더라도 결코 화난 얼굴을 하면 안 된다는 것! 아이는 부모가 순간적으로 짓는 표정 하나까지 놓치지 않고 보고 있습니다. 부모의 표정만 보고도 이야기하고 싶지 않게 되는 것입니다.

커뮤니케이션을 할 때는 단어보다도 말투와 목소리 톤, 얼굴 표정 등 비언어적인 요소에 따라 받는 인상이 크게 달라집니다. 그래서 반드시 웃는 얼굴로 아이의 이야기를 들어줘야 합니다. 매일 아주 짧은 시간이라도 좋으니까 아이의 이야기를 꼼꼼히 들어 주세요! 저녁식사 때는 아이의 눈을 바라보며 웃는 얼굴로 이야기를 들어주는 시간을 가져 보세요! 부모와 자식 사이의 커뮤니케이션은 매우 중요합니다. 중학생이 되면 아이는 반항기가 생기는 사춘기가 와서 부모의 이야기도 들어 주지 않고 자신의 이야기도 해 주지 않게 됩니다. 따라서 아이가 중요한 이야기나 고민거리를 상의할 수 있도록 어렸을 때부터 편안한 분위기를 만들어 놓으세요! 이렇게 실천하기 위해 필요한 것이 바로 부모의 「요령 있는 능숙한 질문」입니다. 아이에게 의욕이 생기게 하고, 생각하는 힘을 기르게 하고, 자신감을 만들어주는 「질문 능력」을 열심히 키워 나가세요!

「하면 안 돼!」라는 말은 금단의 열매!

제 아들이 오랫동안 동경해 온, 꼭 먹고 싶어 했던 음식이 있습니다. 그것은 바로 편의점 샌드위치! 이것은 아들이 어른이 된 후에 얘기해주어 알게 되었습니다.

"어렸을 때 빵집의 샌드위치는 먹어본 적이 있었지만, 편의점의 샌드위치는 먹어 본 적이 없었잖아? 그래서 너무 먹고 싶었어! 초등학교 고학년이 되어 학원에 다니기 시작하면서 내 마음대로 자유롭게 사 먹을 수 있게 되었을 때 가장 먼저 편의점에 가서 샌드위치를 사먹었어."

저는 그때까지 아들이 이러한 생각을 하고 있었다는 것을 전혀 몰랐습니다. 편의점 음식은 먹지 말라고 강하게 금지했던 것은 아닙니다. 단지 편의점 음식은 좋지 않다는 뉘앙스를 내비쳤을 수는 있습니다. 제가 직접 사서 먹게 한 적도 없었기 때문에 아이는 민감하게 느끼고 있었을 것입니다. 저는 깜짝 놀라면서 "그래서 어땠니? 맛있었어?"라고 물어보았습니다. 그러자 아들은 이렇게 대답했습니다. "맛없었어!! 집에서 엄마가 만들어주었던 샌드위치가 훨씬 더 맛있었어! 근데 그게 왜 그렇게 먹고 싶었을까?" 아들의 대답을 듣고는 엄마로서는 안심이 되었습니다. 다만 정말 그렇게 「맛이 없었다」는 것은 사실이 아닐 수 있습니다. 아마 일반적인 샌드위치 맛이 아니었을 것입니다. 그러나 지금까지 동경해 오면서 분명 맛있을 것 같고 둘이 먹다가 하나가 죽어도 모를 정도의 최고의 맛일 거라는 상상을 했었던 탓에 실제 먹어본 맛과의 차이를 느낀 후에 「맛이 없다」가 되었을 것입니다. (참고로 지금은 가족 모두 어느 편의점의 오뎅이 맛있다는 이야기도 하고 있습니다.)

「먹으면 안 돼!」라는 생각을 하면 할수록 망상이 커져서 오히려 더 동경하게 됩니다. 성경에 나오는 아담과 이브 역시 선악과가 금지되어 있었기에 선악과를 먹었던 것이지, 만약 귤이 금지

되어 있었다면 귤을 먹었을 것입니다. 그 어떤 금지의 말도 듣지 않았다면 분명 선악과에 대해 아무 생각도 하지 않았을 것입니다. 그냥 다른 과일들에 대한 생각과 같았을 것입니다. 그런데 「안 돼!」라는 말을 듣자마자 지금까지 의식조차 하지 않았던 선악과가 다른 과일보다 맛있어 보이게 되어 참을 수 없을 만큼 먹고 싶어진 것입니다.

금지당하면 그것이 하찮은 것이든 아니든 사람은 관심이 생기고 매력을 느끼게 됩니다. 이것을 자기 자신으로 바꿔보면 잘 이해될 것입니다. 더군다나 아직 분별력이 없는 아이라면 더욱 그렇습니다. 그래서 아이가 하지 않기를 바라는 것이 있을 때는 깊이 생각한 후에 금지하도록 하세요! 부모의 「안 돼!」가 오히려 아이에게 매력을 느끼게 만드는 계기가 될지도 모릅니다.

아이를 혼내도 되는 상황은 딱 두 가지 뿐!

딸이 유치원에 다니기 시작했을 무렵에 학부모 간담회가 열렸는데, 그곳에서 「아이를 혼낼 상황은 두 가지뿐」이라는 이야기를 듣게 되었습니다. 두 가지 상황이라는 것은 다음과 같습니다.

아이 자신의 목숨과 관계되는 상황일 때
남에게 폐를 끼치는 상황일 때

"이 두 가지 상황이 아닐 때 부모가 아이를 혼내는 것은 전부 부모의 잣대 때문이 아닐까요? 아이를 꾸짖거나 혼내야 하는 상황은 실제로는 별로 없습니다."라는 말도 들었습니다. 처음에는 당황했지만, 확실히 평소 생활을 떠올려 아이의 입장에서 생각해 보니 '왜 혼나야만 하는 거지?' 또는 '왜 야단을 맞아야 하지?'라고 궁금하게 생각할 수 있는 상황이 많다는 느낌은 들었습니다. 예를 들어, 빨래를 개어 바닥에 잠시 놓아둔 상황이라고 가정해 보겠습니다. 바닥에 놓아둔 빨래를 아이가 달려와서는 발로 차

버렸습니다. 여러분은 이 상황에서 어떻게 하겠습니까? 순간적으로 아이를 향해 큰소리로 화를 내지 않을까요? 그런데 아이의 입장에서 보면 '바닥에 놓아둔 엄마가 잘못한 거야!' 또는 '빨리 치우면 될 텐데!'라는 생각을 할 것입니다.

마침 그때 저희 집은 아파트 5층이었습니다. 어느 날 아이 방에 들어갔더니 당시 3살이던 아들이 바깥쪽으로 이어진 창문에 매달려 장난감을 창문 밖으로 떨어뜨리고 있었습니다. 이 상황을 목격한 저는 비명을 지르고 싶은 마음을 꾹 참아야 했습니다. 아들이 내가 있는 쪽을 돌아보게 되면 몸의 균형을 잃고 창문 밖으로 떨어질 수도 있었기 때문입니다. 아무 말 없이 아들을 향해 뛰어가서 두 팔로 끌어안고는 바닥으로 내려놓았습니다. 천만다행으로 밖에는 지나가는 사람이 없었기에 아무 일도 일어나지 않았지만 너무 놀라서 심장이 멎는 줄 알았습니다.

높은 곳에서 물건을 떨어뜨리면 아래쪽에 있는 사람이 위험하다는 것은 상식입니다. 그런데 상식이고 뭐고 아무것도 모르는 아이에게 어떤 방법으로 이해시키면 될까요? 원래 어느 정도의 나이가 되지 않으면 이해할 수 없는 것도 많습니다. 바깥 창문에 올라가는 것에 대해서도 처음에는 엄하게 혼내야 할지 고민을 했지만, 금지하면 오히려 더 매력적으로 느끼지 않을까 하여 생각을 고쳐먹고 일부러 한 마디 말도 하지 않았습니다. (그 대신에 아이가 깨어 있을 때는 창문을 열지 않는 것으로 대처했습니다.)

아이가 아무리 나쁜 짓을 한 경우라도 혼내는 것이 반드시 정답은 아닌 상황도 있습니다. 아이를 혼내는 것보다 협박과 비슷한 말을 해서 그만두게 하는 것이 좋은지, 조용히 타일러서 가르치는 것이 좋은지, 일부러 아무 말도 하지 않는 것이 좋은지 등의 여러 가지 생각을 하며 어떤 방법으로 해야 아이가 이해할 수 있을까에 대해 고민했었습니다. 그리고 '내가 아이라면 어떻게 생각할까?' '이것은 부모의 잣대가 아닐까?' '부모에게는 도덕적인 잘못이 전혀 없는 걸까?' '애초에 아이가 이해는 할 수 있는 걸까?'와 같은 식으로 생각하는 것이 중요합니다. 물론 엄하게 혼내는 경우가 좋을 때도 있고 다정하게 타일러서 가르치는 것이 더 좋을 때도 있습니다. 어떻게 하는 것이 아이의 입장에서 가장 좋을지를 말로 내뱉기 전에 한 번 더 생각해 보세요!

발전하는 아이의 엄마는 「칭찬」의 천재!

엄마가 「칭찬」의 천재가 된다면 아이의 능력을 발전시키는 데 이것만큼 강력한 것은 없습니다. 아이는 칭찬을 받는 상황에 놓이면 점점 더 발전합니다. 어른과 달리 흡수가 빠르기 때문에 놀라울 만큼 향상되는 경우도 있습니다. 특히 누군가에게 강요받아서 하는 것이 아니라 자기 스스로 선택하여 즐겁게 하고 있는 것은 소중히 아껴 주세요! 자발적으로 몰두하는 것이 뇌과학적인 관점에서도 심리학적인 관점에서도 바람직한 것입니다.

칭찬받으면 아이는 안도감과 자신감을 가집니다. 그렇게 되면 아이는 '다른 일도 열심히 하자!' '더 잘해 보자!'라는 생각을 하게 됩니다. 의욕도 생기게 되고 집중력도 높아집니다. 그래서 이해력도 좋아지고 학습적인 능력도 좋아집니다. 이렇게 하면 또다시 부모로부터 칭찬을 받을 수 있다는 「플러스가 되는 연쇄작용」이 일어나서 더욱 발전해 나가는 것입니다. 반대로, 부모가 화를 내면 아이는 긴장감과 공포를 느낍니다. 불안한 마음이 되고 자신감도 잃어버리게 됩니다. 부모와 대화하는 것이 싫어져서 도망치고 싶어집니다. 어떻게든 부모의 분노를 누그러뜨리려고 변명만 생각하게 됩니다. 의욕도 잃어버리고 집중력도 낮아지기 때문에 이해력도 학습능력도 전부 다 낮아지게 됩니다. 그리고 또 다시 부모에게 혼나게 되는 「마이너스가 되는 연쇄작용」이 일어나는 것입니다.

혼내면 안 된다는 것이 아닙니다. 남에게 폐를 끼쳤을 때와 위험한 짓을 했을 때는 제대로 혼을 내세요! 단, 「안 돼!」라는 말을 하지 말고 왜 안 되는 것인지를 정확히 설명해 주세요! 부모가 당연하다고 생각하는 것이라도 아이로서는 이해되지 않는 경우가 많습니다. 하지만 부모가 제대로 설명한다면 생각하고 있던 것 이상으로 아이는 납득해 줄 것입니다. 그리고 아이를 칭찬할 때는 태어날 때부터 가지고 있던 능력과 재능이 아니라 열심히 노력한 부분을 칭찬해 주세요! 능력을 칭찬하면 아이는 노력하지 않아도 잘한다고 생각하게 되어 도리어 아무 것도 안하는 아이가 될 수 있기 때문입니다.

조금이라도 실력이 향상된다면 그 노력을 칭찬해 주세요! 그때 "100점을 받다니 굉장하네!"라는 말을 하기보다는 "열심히 노력했구나!"라는 말을 해 주면 아이는 더욱 기뻐할 것입니다. 아이는 노력을 칭찬받게 되었다는 것뿐만 아니라 스스로가 노력했다는 사실을 엄마가 제대로 알아봐 주었다는 것이 기쁜 것입니다. 그리고 아이는 앞으로 더 노력하려고 합니다.

또한 "○○야! 훌륭해!"라고 칭찬하는 것보다도 "엄마는 너무 기뻐!"라고 마음을 전하는 것이 아이에게는 더 효과적입니다. "열심히 노력했구나! 엄마는 너무 기뻐!" 이 표현이 가장 멋진 칭찬 멘트라고 생각합니다. 아이는 엄마를 정말 좋아합니다. 엄마가 기뻐해 주는 일이라면 더 잘하려고 생각합니다. 아이가 스스로 생각하여 행동하는 것에 성취감을 느끼는 것입니다. 강요받은 것에는 별로 성취감을 느끼지 못합니다. 엄마가 칭찬 고수가 되면 아이는 점점 더 발전해 나갑니다.

플러스가 되는 연쇄작용

마이너스가 되는 연쇄작용

「별 것 아니에요!」라는 겸손한 대답에 아이는 상처 받아요!

어느 엄마로부터 다음과 같은 보고를 받았습니다. 「제 아이를 칭찬해 주신 분께 "별 것도 아닌걸요."라고 대답했더니 아이가 불쾌한 표정을 지었어요.」

일본인에게 겸손은 미덕입니다. "제 아이는 훌륭해요!"와 같은 말을 한다면 교만하게 보이지는 않을지, 팔불출 부모로 생각하지 않을지 걱정이 되어 무조건 겸손한 말을 하게 됩니다. (물론 더 겸손해져야 될 것 같은 예외적인 사람들도 있긴 합니다.) 따라서 아이 앞에서 "그 정도는 아니에요!"라는 대답을 자주 합니다. 아이는 다른 사람에게 칭찬을 받으면 기분이 좋아져서 초롱초롱한 눈빛으로 엄마의 얼굴을 봅니다. 그런데 엄마의 대답을 듣고는 실망합니다. 금세 눈에서 반짝임이 사라지고 의욕도 사라집니다. 그 날은 계속 기분이 우울해져서 뾰로통한 표정을 지으며 퉁명스럽게 행동하는 아이도 있습니다. 엄마로서는 아이가 엄마를 이해해 줄

칭찬받으면 아이는 안도감과 자신감을 가집니다.
그렇게 되면 아이는 '다른 일도 열심히 하자!'
'더 잘해 보자!' 라는 생각을 하게 됩니다.
의욕도 생기게 되고 집중력도 높아집니다.

거라고 생각하고 있겠지만, 아이는 의외로 잘 모릅니다. <u>칭찬을 받으면 겸손해야 한다는 것은 어른들의 상식이라서 아이는 모르는 것입니다.</u>

　아이는 엄마의 말을 있는 그대로 받아들입니다. 엄마는 자신을 「대단하지 않다」고 생각하고 있고 아무리 남한테 칭찬을 받아도 전혀 인정해 주지 않는다고 생각해 버립니다. 그럼, 아이가 있는 곳에서 아이에 대한 칭찬을 받는다면 어떻게 대답을 하면 좋을까요? 예를 들어, 이런 대답은 어떨까요? 「고맙습니다. 그렇게 말해 주시다니 제 아이도 무척 기뻐합니다.」 이렇게 대답하며 엄마는 내 아이를 좋게 봐 주고 내 아이의 장점을 알아봐 준 것에 솔직하게 고마워하면 될 것 같습니다. 「그렇지 않아요.」라고 부정하거나 「네, 맞습니다.」라고 자랑하는 것보다 훨씬 좋지 않습니까?

　게다가 상대방이 싫어하지 않을 정도라면 아이가 얼마만큼 노력하고 있는지를 이야기해도 좋을 것 같습니다. 옆에서 듣고 있는 아이는 굉장히 기쁘게 느낄 것입니다. 엄마가 다른 사람에게 자신에 대한 자랑을 하고 있다는 것이 아이에게는 의기양양해지는 기분을 가져다줍니다. 역시 남에게 인정받는다는 것은 누구에게나 기쁜 법입니다. 하지만 생각한 것 이상으로 말로 표현해 주지 않으면 장담하건대 아이는 부모가 얼마나 자신을 사랑하고 있는지, 얼마나 걱정하고 있는지, 또 얼마나 자랑스럽게 생각하고 있는지 등을 알지 못합니다. 그렇다고는 해도 세상일에는 지켜야 할 예의가 있으니 남 앞에서는 너무 지나치게 하지 않도록 유의하세요! 칭찬해 준 상대방도 기쁘게 느낄 수 있고 내 아이도 기뻐할 수 있는 말을 고르는 것이 가장 중요합니다!

당신은 「항상 화를 내는 엄마」인가요?

예전에 초등학교 고학년인 아이에게 자기 엄마의 초상화를 그려 보라고 했더니 "그럼, 화난 얼굴 그리면 되겠네!"라고 하는 아이의 대답에 깜짝 놀랐던 적이 있습니다. "왜 화난 얼굴을 그리니?"라고 물었더니 그 아이의 엄마는 항상 화난 얼굴이라 말합니다. 그런데 제가 만나본 그 아이의 엄마는 언제나 온화하고 다른 사람의 이야기도 상냥하게 맞장구를 치면서 잘 들어주는 사람이었습니다. 제가 느낀 그 엄마의 인상은 그랬습니다. 화내는 모습은 상상이 되지 않았습니다. 아무래도 집안에서는 조금 달랐던 모양입니다. 그렇다고 해서 항상 화를 내고 있는가 하면 그것도 사실은 아닙니다. 엄마 자신은 아이와 나누는 대화의 20% 정도밖에 화내지 않았다는 생각을 하고 있습니다. 그러나 엄마와는 반대로 아이는 80%는 화내고 있다는 느낌을 받고 있는 것입니다. 예를 들어 엄마는 "○○해!"라는 말을 사용할 때 항상 화내고 있는 것은 아닙니다. 그러나 아이에게는 화난 말투로 들리는 모양입니다.

어느 집에 놀러갔을 때의 일입니다. 초등학교 6학년인 아이가 "오늘 무슨 요일이었지?"라고 물어보자 엄마는 "수요일이야! 그런 것도 모르니?"라고 대답했습니다. 저와 이야기할 때의 말투와 전혀 달라서 깜짝 놀라고 말았습니다. 저도 모르게 "수요일이라는 말만 해도 괜찮지 않아?"라고 말하자 그 엄마도 웃는 것을 보니 분명 자신도 모르게 화난 말투가 되어버린 것 같습니다. 다른 가정에서도 저와 이야기하고 있을 때와 아이와 이야기할 때 말투가 확연히 바뀌는 엄마가 있습니다. 이 사실을 전하자 "그렇게 변했어요?"라는 반응을 보이며 전혀 인식을 못하고 있었습니다.

　이러한 엄마들은 아이가 엄마를 항상 화만 내고 있는 사람으로 느끼고 있다는 것을 모르고 있는 것 같습니다. 가족 이외의 사람(어른)과 이야기할 때와 자신의 자녀와 이야기할 때에 말과 말투가 완전히 달라지는 사람이 많은 것 같습니다. 자기 자신은 그럴 생각이 전혀 없어도 아이는 그 차이를 알 수 있습니다. 엄마가 다른 사람을 대하는 태도와 너무 다르게 대하면 '남한테는 친절한데 나한테만 엄해! 엄마는 항상 화만 내고 있어!'라는 느낌을 받습니다. 그리고 자신이 하찮은 존재로 취급받고 있다고 느낄 수도 있습니다. 아이를 대할 때 쓰는 말투를 조금만 상냥하게 바꾸는 것만으로도 아이와의 관계는 크게 바뀌게 됩니다. 그리고 그렇게 하는 편이 엄마도 아이도 스트레스가 적어져서 더 즐겁게 대화를 나눌 수 있게 됩니다.

「웃는 얼굴」은 말보다도 강해요!

아이에게 웃는 얼굴로 대하고 있습니까? 부모는 당연히 아이를 사랑하며 그 사실을 아이도 분명히 알고 있을 거라고 생각합니다. 그런데 부모가 생각하고 있는 만큼은 아이가 알지 못합니다. 특히 자주 화를 내는 부모와 함께 지내고 있는 아이는 절대 그렇게 생각하지 않습니다. 부모가 한 말을 들은 그대로 받아들입니다. 부모가 "왜 못하는 거니?"라고 언성을 높여 말하면 아이는 '나는 못하는 사람이구나!'라는 생각을 합니다. "더 빨리 좀 해!"라는 말은 '나는 느려빠진 아이구나!'라는 생각을, "그러니까 안 되는 거야!"라는 말은 '나는 쓸모없는 인간이구나!"라는 생각을 만들어냅니다.

또한 아이가 여러 명 있는 경우에, 같은 부모에게서 태어나 같은 환경에서 키우고 있는데도 부모와 마음이 맞는 아이와 마음이 안 맞는 아이가 있을 수 있습니다. 이것은 어느 가정에서나 있을 수 있는 일입니다. 부모와 자식도 궁합이 있는 법이니까요. 마음이 맞는 아이와는 대화도 잘 되고 대화하는 시간이 즐거워집니다. 그래서 자연스럽게 그 아이와 대화하는 횟수가 많아집니다. 대화가 잘 되지 않는 아이와는 아무래도 대화하는 횟수가 적습니다. 어쩔 수 없는 일이지요. 부모가 잘못하는 것이 아닙니다. 하지만 설령 그렇다고 해도 상대적으로 대화가 적은 아이의 입장에서는 자신이 다른 형제보다 부모의 사랑을 못 받고 있다는 생각을 하게 됩니다. 부모와 자식 사이에 궁합이 있다는 것을 아이는 모르기 때문입니다. 그렇기 때문에 그런 아이에게는 특별히 신경을 써서 부모가 많이 사랑하고 있고 소중하게 생각하고 있다는 사실을 느끼게 해 주세요!

화를 내거나 주의를 줄 때는 더욱 조심스럽게 해야 합니다. 부모는 무섭게 화를 냈다고 생각하지 않아도 그 모습을 보는 아이에게는 나쁜 인상을 줍니다. 일상적인 대화보다도 강하게 마음속 응어리로 남게 됩니다. 아이는 부모가 자신에게 화를 내는 일이 반복되면 부모가 평소 말투로 하는 말조차도 자신에게 화를 내고 있다고 인식하게 됩니다. 아이와 대화를 나눌 때는 웃는 얼굴을 해야 한다는 것 기억해 주세요!

결국 아이에게 사랑을 표현하려면 웃는 얼굴만 하면 될지도 모릅니다. 아이는 엄마가 웃는 얼굴로 바라봐 주는 것만으로도 사랑을 느끼고 안심하니까요. 머리를 쓰다듬고 꼭 안아주는 등의 스킨십도 중요합니다. 부모는 아무래도 여러 명의 자식 중에서 막내에게 더 신경이 쓰이는 법입니다. 그러니까 특히 형(오빠)이나 언니(누나)인 아이에게는 아쉬움이 남지 않도록 웃는 얼굴과 스킨십, 사랑을 듬뿍 담은 말을 최대한 많이 해 주세요!

아이를 키우는 것을 나무 키우기에 비유한다면, 부모의 애정표현은 많은 영양분을 가진 토양일 것입니다. 비옥한 땅에서는 튼튼한 나무가 자랍니다. 아이 키우기도 넘치는 사랑을 주면서 아이를 단단히 지켜 주세요!

부모에게 「바보」라는 말을 듣고 자라는 아이는 진짜 바보가 돼요!

아이가 어렸을 때부터 엄마가 걸핏하면 "이 바보야!"라는 말을 해온 가정이 있습니다. 이렇게 몇 년씩이나 계속 바보라는 말을 들으면 대체 이 아이가 어떻게 될지 너무 걱정이 되었습니다. 그후 몇 년이 지나 그 아이가 고등학교 입시를 앞두고 "어차피 나는 바보니까 합격할 수 있는 학교라면 어디든지 괜찮잖아?"라는 말을 했다고 합니다. 노력하려고도 하지 않고 목표를 높이 세우려고도 하지 않는 무기력한 사람이 되고 말았습니다. 원래는 우수한 아이였었는데 부모가 긴 시간에 걸쳐 망가뜨려 버린 것입니다. 아이가 너무 가엽고 안타까웠습니다.

아이에게 「바보」라는 말은 하지 않아도 "왜 ○○을 못하는 거니?"와 같은 말을 자주 하는 부모가 많지 않을까요? 어른에게는 쉬운 일이라도 아이에게는 어려운 일이 꽤 많습니다. 그런데도 아이라서 못하는 일을 무조건 꾸짖게 되면 아이는 자기 자신이 아무것도 못하는 사람이라는 생각을 하게 됩니다. 또한 형제나 친구와 비교하는 경우가 자주 있는데 비록 형제라도 성장하는 속도는 다릅니다. 재빠르게 잘하는 아이도 있고 천천히 시간을 들여야 잘하게 되는 아이도 있는 것입니다.

그 밖에도 아이에게 "정말 도움이 안 되는 구나!"라는 심한 말을 하는 부모도 있습니다. 아이는 부모의 도움이 되기 위해 태어난 것이 아닙니다. "○○을 안 할 거라면 나는 네가 싫어!"라는 말까지 하는 부모도 보았지만, 이 말은 정말 무섭네요! 부모가 자녀에게 무조건적인 사랑이라는 뿌리 없이 쏟아내는 말이기 때문입니다. 그렇게 나쁜 의도로 한 말이 아닐 수도 있지만, 아이의 마음에는 아주 깊숙하게 박혀 버립니다. 아들인 경우는 역시 아빠의 말에 영향을 받는 것 같습니다. 어렸을 때부터 못할 거라는 말, "너한테는 무리야!"라는 말을 들으며 좀처럼 칭찬을 받지 못하고 자란 아이는 어른이 되어도 어차피 자신은 못하는 일이고 자신에게는 그런 능력이 없다고 생각하게 됩니다. 40세가 넘은 아들이 "내가 불행해진 것은 전부 아버지 탓이에요!"라고 말하며 크게 다퉜다는 이야기도 들은 적이 있습니다.

아이를 대할 때 쓰는 말투를 조금만
상냥하게 바꾸는 것만으로도 아이와의 관계
는 크게 바뀌게 됩니다.

병에 걸려 젊은 나이에 세상을 등지게 된 어느 남성을 투병 중에 만나 뵈었을 때 그는 눈물을 흘리며 말했습니다. "부모가 단한 번도 칭찬해 주지 않았어요. 부모로부터 열심히 노력하고 있어서 대견하다는 말을 듣고 싶었어요." 아무리 남이 칭찬해 줘도 부모 대신이 될 수는 없습니다. 부모는 유일무이한 존재니까요. 아이는 항상 부모가 자신을 인정해 주기를 바라고 있습니다. 아이에게는 부모에게 듣고 싶은 말과 부모에게만은 듣고 싶지 않은 말이 있습니다. 부모의 말 한마디는 평생 마음 속 깊이 새겨지기 때문입니다.

발전하는 아이 vs
발전하지 않는 아이 vs
망가지는 아이

학원 강사와 가정교사로 많은 아이들에게 공부를 가르쳐 오면서 자연스럽게 계속 발전하는 아이와 전혀 발전하지 않는 아이가 있다는 사실을 알게 되었습니다. 그리고 아이가 발전할지 발전하지 않을지는 부모와 자식의 관계가 해답일 거라는 생각을 하게 되었습니다.

1. 부모가 엄격해서 고분고분한 아이
2. 부모가 엄격해서 반박하는 아이
3. 부모가 온순해서 순진한 아이
4. 부모가 온순해서 버릇없는 아이

물론 모든 부모와 자식의 관계를 위의 네 가지 패턴에 끼워 맞출 수는 없습니다. 그렇지만 지금까지 제가 경험해 본 아이들과 부모와의 관계는 대략 이 네 가지로 나눌 수 있다는 생각이 듭니다.

1번은 부모가 걸핏하면 아이에게 지적을 하고 자주 화를 내는 관계입니다. 그런데 아이가 고분고분하게 부모가 하는 말을 듣고 있기 때문에 초등학생 정도까지는 성적도 좋고 옆에서 보면 우수하고 착한 아이로 보입니다. 그러나 갈수록 성적이 떨어지기도 하고 정신적으로 괴로워하기도 합니다. 중학교 입시에 합격하자마자 전혀 공부를 안 하게 되는 경우도 있습니다. (고등학교와 같은 재단의 중학교에 다니는 아이가 그 고등학교로 진학을 못한 경우도 있었습니다.) 부모가 아이의 의욕을 망가뜨려 버린 것입니다.

2번도 1번과 마찬가지로 부모가 엄격하기 때문에 아이가 공부를 못할 것 같다는 생각을 했는데 그렇지도 않았습니다. 왜 그런지 궁금하여 자주 관찰해 보니, 평소에 아이가 엄마에게 정확히 자기 생각을 말하며 반박을 하고 있었습니다. 이러한 아이는 스스로 의욕을 갖게 되면 발전해 나갑니다. 단, 고등학교 입시 등을 눈앞에 두고 의욕을 가졌을 때 엄마가 그 사실을 눈치 채지 못하고 지금까지와 마찬가지로 계속 화를 내고 있으면 모처럼 가진 의욕도 없어져 버릴지 모릅니다.

3번과 같이 부모가 별로 엄격하지 않고 아이도 순진한 관계가 가장 공부를 가르치기 쉽고 아이 자신도 즐겁게 공부하고 있습니다. 한창 가르치고 있는 수업시간에 자주 웃음소리가 나올 것 같은 학생입니다. 당연히 성적도 순조롭게 향상됩니다. 단, 부모가 느긋하게만 있으면 입시공부를 시작하는 것이 늦어지게 될 우려가 있다는 점이 주의사항입니다.

끝으로 4번은 부모가 엄격하지 않아서 오히려 아이를 너무 오냐오냐하며 응석받이로 기르는 관계입니다. 부모는 아이가 원하는 대로 다해주어 아이가 마치 왕자님이나 공주님이 된 것만 같습니다. 부모는 아이의 어떤 버릇없는 말이나 행동도 받아주고 있는 것처럼 보입니다. 그래서 아이 스스로도 세상이 자신을 중심으로 돌고 있다고 믿습니다. 자기중심적이기 때문에 무슨 일이 생겨도 남 탓으로 하는 버릇이 생깁니다. 성적이 안 좋은 것도 문제가 안 좋았다고 하거나 남들도 모두 성적이 안 좋다고 하는 등 남의 탓으로 돌려 버리는 것입니다. 그럼, 다음 내용에서는 부모와 자식의 관계에서 주의해야 할 점이 무엇인지에 대해 자세히 설명해 드리겠습니다.

아이를 발전시키는 것도,
망가뜨리는 것도 모두 「부모」!

아이에게 능력만 있으면 계속 발전해 나가는 것일까 하면 그렇지 않습니다. 당연한 말이지만, 노력하지 않으면 발전하지 않습니다. 그렇기 때문에 능력과 상관없이 고분고분하게 말을 잘 듣는 아이는 점점 발전하고, 변명만 늘어놓고 있는 아이는 발전하지 않는 것입니다. 또한 고분고분하고 착한 아이이고 능력이 있었다고 해도 부모가 "이거 해!" "저거 해!"라는 식의 명령만 하거나 "왜 못하는 거니?" "정말 바보 같아!"라는 식의 부정적인 말을 계속 쏟아낸다면 아이는 의욕을 잃어버리고 기력도 잃어버려서 발전을 못하게 됩니다. 여러분의 아이가 어떠한 성격인지와 어떠한 방법으로 키워야 아이의 능력을 최대한 발전시켜 줄 수 있는지를 부모가 정확히 꿰뚫어봐야 합니다.

저는 지금까지 많은 부모와 자식의 관계를 보았습니다만, 「망가지는 아이」는 부모의 지배를 받고 있는데도 고분고분하고 착한 아이입니다. 앞에서 소개한 네 가지 패턴 중의 1번에 해당합니다. 만약 여러분의 아이가 스스로 고분고분하게 공부할 것 같은 아이라면 가급적 아무 말 하지 않고 지켜봐 주는 것이 좋을 것입니다. 걱정이 된다거나 더 열심히 해 주었으면 좋겠다는 생각이 들기도 하겠지만, 결코 잔소리를 해서는 안 됩니다. 여러분의 잔소리가 아이를 망가뜨리는 첫걸음입니다. 그렇다고 하여 모든 것을 아이 혼자서 해 나갈 수 있는 것은 아니라서 꼼꼼히 아이를 지켜보면서 필요에 따른 도움의 손길을 주는 것이 중요합니다. 결코 내 아이는 괜찮을 거라고 착각하면 안 됩니다.

반대로, 부모의 명령이 많아도 스스로 반박할 수 있는 아이(네 가지 패턴 중의 2번에 해당합니다)는 결코 망가지지 않습니다. 이 아이를 통하여 부모가 아이의 주장을 제대로 들어 주어 아이에게 변명의 여지를 만들어 주는 것이 중요하다는 사실을 알 수 있습니다. 너무 잔소리를 많이 하는 것은 생각해 봐야 할 문제입니다. 아이의 의욕을 없애버릴 가능성이 있다는 점도 걱정됩니다만, 계속 잔소리만 하는 부모의 입장도 괴롭기는 마찬가지일 겁니다.

앞의 네 가지 패턴 중의 4번에 해당하는 엄마는 아이가 너무 귀여워서 참을 수 없을 것입니다. 부모의 입장에서는 상냥하고 다정하게 아이를 대하고 싶다는 마음도 이해되지만, 버릇없는 아이로 키워 버려서는 안 됩니다. 응석받이로 자라서 자기중심적인 성격이 되면 곤란을 겪는 것은 바로 아이 자신입니다. 공부를 잘한다거나 운동을 잘한다거나, 혹은 몸이 약하다거나 하는 너그럽게 봐 주고 싶은 이유는 많이 있을 수 있지만, 그것이 정말 아이를 위하는 것인지는 한 번 더 생각해 주세요! 아이의 능력을 발전시키는 것도 「부모」이고 아이를 망가뜨리는 것도 「부모」입니다. 이 점을 명심하며 평소에 하는 대화에서 아이에게 가장 적절한 말을 걸 수 있기를 바랍니다.

03
학습의 첫걸음은 「집」에 있어요!

「혼자 스스로 공부하는 아이」가
자라는 가정 만들기

03

학습의 첫걸음은 「집」에 있어요!

「혼자 스스로 공부하는 아이」가 자라는 가정 만들기

아이 키우기는 나무 키우기!
뿌리를 뻗게 합시다!

원래 아이들은 호기심이 무척 많습니다. 태어났을 때부터 의욕
이 없고 우울한 표정을 하고 있는 아이는 어디에도 없습니다. 아
이가 초등학생일 때 많은 경험과 체험을 할 수 있게 해 주세요!
그것은 책상에서 하는 공부와는 비교가 되지 않을 정도의 지식
과 생각하는 힘을 아이에게 선물해 줄 것입니다.

평상시에 '이것은 무엇일까?' 또는 '왜 그럴까?'라고 궁금하게 만드는 것이 중요합니다. 이러한 궁금증으로부터 탐구심이 만들어집니다. 카드로 단어를 외우거나 주어진 문제를 푸는 것만으로는 스스로 의문점을 가지고 어떻게 하면 해결될까 고민하는 사고력(생각하는 힘)을 키울 수 없습니다. 실제로 해 보며 성공하기도 하고 실패하기도 하면서 많은 것을 배워 나가는 것입니다. 처음부터 방법이나 해답을 알려 주게 되면 그 귀중한 경험을 없애 버리는 것입니다.

아이를 키우는 것은 나무를 키우는 것과 닮았다고 생각합니다. 뿌리가 단단히 뻗기 시작하여 가지가 굵어지고 커다란 잎들이 우거집니다. 단단히 뿌리를 뻗게 하려면 급하게 허둥대지 않는 것이 가장 중요합니다. 아이를 키우는 과정에서 자주 다른 아이와 비교를 하게 됩니다. '옆집 아이는 잘하는데, 내 아이는 못해!' 또는 '혹시 못하는 것은 내 아이뿐일까?'라는 불안한 생각을 하게 됩니다. 그런데 모든 아이가 동시에 똑같이 자라는 것이 아닙니다. 느린 속도로 자라는 아이도 있고 빠른 속도로 자라는 아이도 있습니다. 자신 있게 잘하는 것도 제각각 다릅니다. 급하게 허둥

지동할 필요가 전혀 없습니다.

조기 교육이나 주입식 교육과 같은 영재 교육도 아이에게는 부담이 됩니다. 작은 새싹이 나온 지 얼마 안 된 상태에서 때는 이때다 싶어 물을 주고 필요 이상의 영양분을 주는 것과 같은 것입니다. 그렇게 하면 뿌리가 썩는 역효과가 생깁니다. 자연스럽지 않게 주입된 것은 나중에 찌그러진 모양으로 나오는 경우가 있습니다. 예를 들면, 수학은 굉장히 잘하는데 다른 과목은 굉장히 뒤떨어지는 아이도 있습니다.

또 남들보다 일찍 공부를 시키는 것이 좋다는 생각을 하고 있는 부모가 있습니다. 아이 자신에게 의욕이 있고 스스로 공부하고 싶다고 생각하는 경우는 괜찮지만, 그렇지 않은 경우라면 단지 부담이 되고 시간만 허비하는 결과가 됩니다. 그리고 결국에는 따라잡히고 맙니다. 배워야할 때에 배우는 것이 아이의 입장에서 쉬울 것이고 받아들이는 속도도 빨라질 것입니다. 아이가 보는 것, 듣는 것, 흥미 있는 것 등의 모든 것이 지식과 경험이 되고 아이를 잡아주는 커다란 뿌리가 됩니다. 무엇에 흥미가 있을

지는 부모도 모릅니다. 그렇기 때문에 많은 체험을 시켜 주는 것이 중요합니다.

공부하지 않는 아이, 누구의 흉내를 내는 것일까요?

공부 습관이 좀처럼 몸에 배지 않는 아이가 있습니다. 그 아이의 엄마에게 "공부는 안하셔도 좋으니까, 말참견도 하지 말고 그냥 공부하고 있는 아이 옆에 앉아만 있어 주세요!"라고 부탁하는 경우가 있습니다. 잡지를 읽어도 좋고 가계부를 적어도 좋고, 공부에 방해가 되는 것이 아니라면 무엇을 하고 있어도 상관없습니다. 아이는 공부나 일을 하고 있는 엄마를 눈앞에 두고 딴 짓을 하려는 마음이 생기지 않게 되는 것입니다. 심리학에서 말하는 「미러링 효과(거울 효과)」가 바로 이것입니다.

어떤 엄마는 아이가 공부하지 않는 것에 화가 나서 애가 타고 있었습니다. 아이가 공부하게 된다면 무엇이든 협조하겠다고 말했습니다. 그래서 저의 제안을 흔쾌히 받아들이고는 넘치는 의욕을 보여주며 자신만만하게 실행하겠다고 선언했습니다. 일주일 후에 그 댁을 찾아가서 중학생인 아이에게 엄마가 옆에 있어 주었는지 아닌지를 물어보았더니 "딱 3일뿐이었어요."라는 대답을 들었습니다. 그 순간 저도 모르게 목소리가 높아지며 "왜?!"라고 되물었습니다. 아이에 관하여 공부를 안 한다는 둥, 입시가 코앞인데 어처구니가 없다는 둥의 푸념을 잔뜩 늘어놓았던 엄마가 설마 했던 작심삼일일 줄이야! 이럴 수 있는 일일까요? 저의 반응에 깜짝 놀란 아이는 미안한 듯이 머리를 숙이며 "엄마가 바쁘기도 했고, 머리도 아프고 몸 상태도 안 좋았거든요."라고 말해 주었습니다. 아이를 비난하고 꾸짖는 엄마와 그런 엄마를 감싸주는 아이! 참으로 안타까운 마음입니다.

이 엄마는 아무 일도 안 한 것이 아닙니다. 청소나 요리 등의 집안일도 잘 해내고 있습니다. 그런데 지난번에 그렇게 뭐든지 하겠다고 호언장담했는데 단 일주일조차 아이에 관한 일을 우선으로 생각할 수 없었던 것입니다. 정말 바빴을지도 모릅니다. 하

아이가 초등학생일 때 많은 경험과 체험을
할 수 있게 해 주세요! 그것은 책상에서 하는 공부와
는 비교가 되지 않을 정도의 지식과 생각하는 힘을
아이에게 선물해 줄 것입니다.

지만 제 눈에는 엄마가 좋아하는 것만 하고 있는 것처럼 보였습니다. 왜냐하면 엄마의 SNS 계정에 새 글 올리기는 하고 있었기 때문입니다. 이것만 봐도 아이보다 자신을 우선으로 생각하고 있다는 것이 틀림없는 사실이지 않을까요? 이런 부모의 아이도 역시 자신이 좋아하는 것을 우선으로 생각하게 됩니다. 공부하는 것보다도 TV를 보거나 게임을 하거나 만화책을 읽습니다. 왜냐하면 부모가 그렇게 하기 때문입니다. 부모들 중에는 아이의 공부는 학원이나 과외선생님에게 맡기고 있다고 생각하는 사람도 있을지 모르지만, 아이를 기르는 것은 부모입니다. 누구보다도 많은 시간을 아이와 함께 있는 사람은 부모입니다.

 아이의 입장에서는 부모가 「어른의 본보기」이며 「모범」입니다. 아이는 부모를 닮아갑니다. "우리 아이는 이런 짓을 해요."라고 아이에 대한 푸념을 늘어놓는 엄마가 있지만, 그것은 있는 그대로 엄마의 모습이기도 합니다. 작심삼일인 부모의 아이가 작심삼일이 되는 것은 당연합니다. 만약 아이에게 뭔가 달라져 주기를 바라는 것이 있다면 우선은 부모의 행동부터 달라질 필요가 있습니다. 부모가 달라진다면 아이는 자연스럽게 흉내 내어 따라

하게 될 것입니다.

아이의 「호기심」은
학습으로 가는 지름길!

아이를 키우려면 「보기」「듣기」「말하기」가 중요합니다만, 이 세 가지 중에서 가장 중요한 것이 무엇이냐고 묻는다면 저는 「보기」가 아닐까 생각합니다. 아이를 자주 보고 있으면 아주 작은 변화도 알아차릴 수 있게 됩니다. 몸 상태의 변화도 증상이 심하지 않을 때 알아차리면 심각한 사태에 이르지 않습니다. 또한 이전에는 할 수 없었던 일을 할 수 있게 되었을 때와 같이 아주 사소한 성장이라도 재빨리 감지하여 제 때에 칭찬해 줄 수도 있습니다. 아이를 자주 보고 있기 때문에 심리 상태도 바로 알게 되어 아이에게 기쁜 일이 있었는지 아니면 짜증나는 일이 있었는지를 알아차릴 수도 있습니다. 게다가 아이를 보는 것은 아이의 능력을 현격히 발전시킬 수 있습니다.

아이들은 '포케몬' '요괴 워치' 등의 게임이나 애니메이션 캐릭터에 관해서는 놀라울 만큼 잘 기억하지요? 이것이 공부와 관련된 것이라면 얼마나 좋을까 하고 생각했던 적이 있을 것입니다. 저는 아이의 이러한 능력을 어떻게든 공부 쪽으로 이어주고 싶다는 생각에 아이가 좋아하는 것이나 관심을 보이는 것을 꼼꼼히 관찰했습니다. 제 아들이 좋아했던 것은 '프라레일'이라는 철도 모형의 장난감이었습니다. 어느 날 아들과 함께 새 전철 모형의 프라레일을 사러 갔더니 '기관차 토마스' 바로 옆에 특급 침대열차 장난감인 '북두칠성'이 나란히 진열되어 있었습니다. 저는 아들에게 "실제 전철과 똑같은 장난감 전철이 있어."라고 말해 주며 그것을 사왔습니다. 그리고 저는 며칠 후에 도서관에서 북두칠성에 관한 어린이용 책을 빌려왔습니다. 실제 열차 사진과 노선도 등이 실려 있는 책이었습니다. 아들은 아직 지도를 모르는 유치원생이었지만 책을 보여주면서 "이 열차는 여기서부터 저기까지 달려."라는 식으로 설명해 주었습니다. 이러한 과정을 새 전철 장난감을 살 때마다 반복했습니다. 또 아들은 실제로 전철을 타는 것도 좋아했기 때문에 그런 기회를 되도록 많이 가지려고 했습니다. 당연히 여름방학 때 여행은 침대열차를 타고 갔습니다. 아들은 줄곧 창문에 달라붙어서 깜깜한 바깥을 바라보고 있었습니다. (저는 무엇이 즐거운 것인지 이해가 되지 않았습니다만.)

전철 책에 지도가 실려 있는 것을 계기로 지도 그림책도 사다 주게 되었습니다. 그러자 전철에서 지도로 관심이 옮겨간 것 같았습니다. 그 덕분에 초등학생 때부터 고등학생 때까지 '지리'가 가장 자신 있는 과목이 되었습니다. 이 결과를 보고 부모인 제가 가장 놀랐습니다. 억지로 공부시키는 것이 아니라 아이의 「호기심」을 공부 쪽으로 옮긴 결과라고 생각합니다. 아이의 관심거리 중에서 어떤 것이 어떠한 공부로 이어질지는 모릅니다. 다만 아이가 무엇을 좋아하는지 무엇을 느끼고 있는지를 아이의 행동을 꼼꼼히 관찰함으로써 지금까지 보이지 않았던 것을 새롭게 발견할 수 있게 됩니다. 이것이 아이의 숨겨졌던 재능을 이끌어 내는 계기가 될 수도 있습니다.

공부의 첫걸음은
단어를 많이 아는 것!

초등학교 고학년이 되면 아이들마다 알고 있는 단어 수에 큰 차이가 생기게 됩니다. 어휘력이 있는 아이와 없는 아이의 차이는 몇 배나 됩니다. 어휘력이라는 것은 어릴 때부터 차곡차곡 쌓여온 것이라서 학년이 올라갈수록 그 차이는 점점 더 벌어지기만 합니다. 앞으로 학교에서 외울 테니까 괜찮다고 생각할 수도 있지만, 단어를 모른다면 애초에 공부를 할 수 없습니다. 수업시간에 선생님의 이야기가 무슨 뜻인지를 모르기 때문입니다. 교과서나 책에 쓰인 내용도 이해할 수 없습니다.

모른다면 당연히 의욕을 잃어버립니다. 수업 중에도 그저 시간을 때우기 위해 앉아만 있게 됩니다. 아이 자신에게는 고통일 수밖에 없습니다. 만약 수업 중에 "단어 뜻을 모르겠습니다."라고 몇 번이나 질문을 한다면 수업의 흐름을 끊어 버리게 됩니다. 모든 아이가 이해하기 어려운 것이나 다른 아이에게도 도움이 될 수 있는 질문이라면 대환영이겠지만, 중학생인데 초등학생도 알고 있을 법한 것을 이것저것 물어보면 선생님도 난처하고 다른 아이들에게도 민폐가 됩니다.

초등학교 4학년이라면 4학년 수준으로, 6학년이라면 6학년 수준으로 수업은 진행됩니다. 해당하는 학년에 적합한 단어를 모르는 아이를 기준으로 삼을 수는 없습니다. 제가 중학생을 가르쳤던 때의 일입니다. 중학교 2학년 수학시간에 배우는 연립방정식 문제에서 「사과와 귤을 잘못 집어서 샀기 때문에……」라는 문장이 있었습니다. 이 문장을 읽은 학생은 "선생님, '잘못 집다'의 뜻을 모르겠어요."라고 질문했습니다. 당연히 문제는 풀 수 없었습니다. 이것은 점수가 낮은 학생의 이야기가 아니라 평균 70점은 받고 있는 학생의 입에서 나온 질문이었습니다. 아무리 수학을 잘한다고 해도 문제의 의미를 이해하지 못한다면 어쩔 도리가 없습니다. 단어(어휘)는 처음에는 부모와의 대화로부터 기억하게 되고, 그 후에는 책에서 알게 되거나 학교에서 배우며 단어수를 늘려나갑니다. 그런데 책이나 학교에서 배운 것도 일상생활에서 사용하지 않으면 실제로는 이해하지 못하고 넘어가는 경우도 있습니다.

"우리 아이는 공부를 못해요!"라고 한숨을 쉬는 엄마가 있습니다. 어쩌면 근본적으로 어휘가 부족하여 선생님이 하는 말을 제대로 이해하지 못하고 있거나 교과서의 내용을 완벽하게 이해할수 없는 상태일지도 모릅니다. 어휘는 하루아침에 늘어나는 것이 아닙니다. 어릴 때부터 부모와 아이가 여러 가지 일을 함께 이야기하는 것이 중요합니다. 엄마뿐만 아니라 아빠 또는 할아버지와할머니, 거기에 친척이나 이웃 등 이야기를 나눌 사람이 많으면많을수록 이야기 소재도 풍부해지고 배울 수 있는 어휘의 폭도넓어집니다. 그리고 역시 책도 읽어야 합니다. 좋은 책을 많이 읽으면 읽을수록 어휘도 지식도 늘어나게 됩니다.

아이는 부모와의 대화를 통해 단어를 기억해요!

어른들끼리의 대화라면 상대와 상황에 어울리는 단어를 고르며 자연스럽게 단어사용에 신경을 쓰게 될 것입니다. 직장 동료,

단어(어휘)는 처음에는 부모와의 대화로부터
기억하게 되고, 그 후에는 책에서 알게 되거나
학교에서 배우며 단어수를 늘려나갑니다.

시어머니, 이웃 사람, 아이 학교의 엄마들 등 상대가 누구냐에 따라 사용하는 단어가 달라집니다. 단어는 상대방을 기쁘게 하거나 화나게 하는 것뿐만 아니라 사람을 움직이는 힘도 가지고 있습니다. 상대방을 이해하기 위해서도, 또 상대방에게 자신을 이해시켜야 할 때도 단어는 필요합니다. 세상일을 이해하기 위해서도 절대 빠뜨릴 수 없는 것이 단어입니다. 어떤 제품을 구입했을 때도 설명서에 적힌 단어를 모르면 이해할 수 없습니다. 대강 이해된 것 같아도 단어 뜻이 정확하지 않으면 오해가 생기기 쉽습니다. 그런 식으로 항상 이야기를 잘못 이해하는 사람이 주변에도 있지 않습니까?

자기 자신을 표현하기 위해서도 단어는 필요합니다. 예를 들어, 자기의 마음을 상대방에게 전하고 싶은 경우에 그것을 표현할 단어를 5개밖에 모르는 사람과 100개나 알고 있는 사람이 있다면 당연히 100개의 단어를 알고 있는 사람이 더 정확히 자신의 마음을 전할 수 있을 것입니다. 어떤 상황을 설명하는 경우에도 단어를 많이 알고 있어야 여러 가지 말투로 정확하게 전달할 수가 있습니다. 이렇게 우리들이 사회생활을 하기 위해서는 단어가 꼭 필요하기 때문에 많은 단어(어휘)를 습득하고 정확히 그 뜻을 익혀 사용하려면 어렸을 때의 습관과 환경이 매우 중요합니다. 아무리 많은 단어를 알고 있어도 사용법을 잘못 알고 있다가는 모든 것이 물거품이 되고 맙니다.

제 지인이 영어회화학원의 무료체험을 다녀왔을 때의 이야기입니다. 안내데스크의 여직원이 처음에는 일본인 강사의 수업을 추천했다가 한참 이야기를 나누어 보더니 레벨이 높으니까 원어민 강사의 수업이 더 좋겠다고 했답니다. 그렇게 무료체험이 끝나고 등록 권유가 시작되었는데, 그때 여직원이 했던 말은 이렇습니다. "영어를 잘하시네요. 과대평가했습니다."「과대평가하다」라는 단어는 사람을 실제 이상으로 높이 평가한다는 말입니다. 즉, 단어 그대로 이해하면 "당신은 영어를 잘하는 사람이라고 생각했는데, 생각했던 것만큼은 아니네요."라는 의미가 되는 것입니다. 그런데 어떻게 생각해도 이 여직원이 하고 싶었던 말은 정반대였겠지요? 칭찬하겠다고 한 말이었을텐데 단어 뜻을 완전히 반대로 알고 있어서 너무 안타까웠습니다. (당연한 결론이겠지만, 제 지인은 이 학원에는 절대 다니지 않겠다고 말했습니다.)

억지로 외우게 하는 것보다 어렸을 때부터 많은 단어를 접해 볼 수 있도록 한다면 자연스럽게 많은 어휘와 표현력이 몸에 밸 것입니다. 그렇게 되기 위해서 우선은 부모가 사용하는 단어에 신경을 써 주세요! 초등학생이라고 해서 쉬운 단어만 사용하지 말고 꼭 다양한 단어를 사용하세요! 아이는 어른들이 생각하고 있는 것 이상으로 똑똑합니다.

단어는 알고 있지만 문장을 이해하지 못하는 이유는?

모든 공부는 단어가 기본입니다. 수업을 듣는 것도 문제를 푸는 것도 단어를 모르면 어떤 것도 할 수 없습니다. 국어뿐만이 아니라 수학과 과학도 마찬가지입니다. 학원에서 아이들을 가르치고 있으면, 모르는 문제가 나왔을 때 문제를 푸는 방법을 질문하는 것이 아니라 "이 문제에 쓰인 문장의 뜻을 모르겠어요." 라는 아이들이 꽤 있습니다. 문제를 푸는 방법을 알기 전에 문제의 의미를 이해하지 못하는 것입니다. 쉬운 문제라면 이해하지만, 조금 복잡해지면 문제 글을 이해하지 못하는 아이도 있습니다. 그리고 문제 글의 뜻을 모르겠다는 아이는 다른 과목의 경우도 똑같습니다. 제가 가르치고 있는 아이들 중에도 "이 문제, 도대체 무슨 뜻이에요?"라고 외치는 중학생이 여러 명 있습니다.

모르는 단어가 한 개만 있어도 그것 때문에 글 전체를 이해하지 못하는 아이가 많은 것 같습니다. 그런데 모르는 단어가 한두개 있다고 해도 앞뒤 문장을 통하여 의미를 상상하면 어떻게든 계속 읽어 내려갈 수 있을 것입니다. 그런데도 모르는 단어가 있어서 안 된다고 그냥 포기해 버리는 것입니다. 알고 있는 단어를 사용해 의미를 유추해 보겠다는 노력도 하지 않습니다. 추가로 말하자면, 각각의 단어의 뜻은 알고 있는데 전체적인 글의 내용은 이해하지 못하는 아이들도 많습니다. 단어의 뜻은 전부 알고 있는데 문장의 뜻이 이해되지 않는 것은 무슨 이유에서일까요? 그것은 틀려도 괜찮으니 우선 이해되는 범위 안에서라도 생각해 보려는 노력조차 안 하기 때문인 것 같습니다. 단 한 개의 정답을 찾아내는 것만을 연습하며 공부하면 이렇게 되기 쉽습니다.

요새는 아예 처음부터 글을 읽으려고도 하지 않는 아이가 상당히 증가하고 있습니다. 읽으려고도 하지 않고 이해하려는 노력도 하지 않는 것입니다. 여러분이 어렸을 때보다도 압도적으로 많아졌다는 느낌이 듭니다. 숙제의 정답을 알려줄 때도 ○나 ×로 표시를 할 뿐, 틀린 문제의 해설을 읽어 오지 않습니다. 읽어도 모르겠다는 말을 하거나 귀찮다고 생각할지도 모르지만, 어차피 읽어도 모를 거라는 생각에 이해하려는 노력을 하지 않는 것입니다. 그런데 해설을 읽을 수 없다는 것은 혼자서 공부할 수 없다는 의미이므로 항상 옆에서 가르쳐 줄 사람이 필요하게 됩니다. 공부는 사회에 나간 후에도 계속됩니다. 직장의 업무와 관련된 공부는 학교 공부처럼 대강 할 수는 없습니다.

공부나 일 이외에도 세상을 살아가다보면 글을 읽을 상황은 많습니다. 그런 상황일 때마다 모르니까 또는 이해되지 않으니까 포기할 수는 없습니다. 많은 어휘를 내 것으로 만드는 것도 중요하지만, 모르는 단어라도 의미를 상상하거나 문장의 의미를 파악할 수 있도록 초등학생 때부터 글 읽기가 습관화되는 것이 포인트라는 생각을 합니다. 그리고 틀려도 좋으니까 자신의 머

리로 생각하고, 상상하는 것을 몸으로 기억해 두는 것도 중요
합니다. 틀리는 것이 나쁜 것은 아닙니다. 틀리면 고치면 되기 때
문입니다.

왜 책을 많이 읽는 것이 좋은 걸까요?

아이들은 태어났을 때는 말을 할 수 없지만 부모가 조금씩 말
을 가르쳐 줍니다. 부모가 하는 말을 반복해서 듣고 그것을 따라
합니다. 만약 말을 잘못 사용하면 부모가 고쳐줍니다. 이러한 방
법으로 말을 익혀 나갑니다. 그렇기 때문에 어린 아이들의 어휘
는 엄마의 어휘와 똑같다고 해도 과언이 아닙니다. 그런데 자신
은 그 정도로 많은 어휘를 알지 못한다고 생각하는 사람도 있을
것입니다. 어른이 된 후에 어휘를 늘리는 것은 힘든 일입니다. 또
한 일상생활에서 사용하는 단어는 아무래도 거의 비슷하고 제한
적이라는 한계가 있습니다.

이러한 고민을 해결해 주는 것이 바로 「책」입니다. 아이에게 책을 읽어 줄 때 얻을 수 있는 효과는 정말 많지만, 가장 큰 효과로는 다음의 네 가지가 있습니다.

1. 어휘력이 늘어난다.
2. 부모의 사랑을 느낄 수 있다.
3. 자신과는 다른 인생이나 경험을 공유할 수 있다.
4. 분위기 파악을 잘하여 타인의 마음을 이해하는 사람이 된다.

주변 엄마들에게 "아이에게 책을 많이 읽히세요!" 하고 말하면, 어떤 책을 골라 줘야 하는지 또는 무엇이 「좋은 책」인지 모르겠다는 엄마들이 상당히 많습니다. 간단한 기준을 알려 드리자면, 엄마 자신이 어릴 때 읽었던 책이 아직 서점에 있다면 꼭 그 책을 읽어 주세요! 적어도 20년 이상이나 읽혀지고 있는 책이라면 좋은 책임이 틀림없습니다. 아이는 좋아하는 책이 생기면 집요하게 읽어 달라고 보채기 시작합니다. 제 딸은 책을 너무 좋아해서 하루에 7번이나 똑같은 책을 읽어 주었던 적도 있습니다. 마침 그때가 겨울이었기에 목이 칼칼해졌습니다. 지금도 그때의 지겹고 싫었던 기억이 생생합니다. 게다가 딸은 제가 다 읽은 페이지를 넘기려고 하면 다음 페이지의 내용을 스스로 말하기 시작했습니다. 몇 번이고 반복하여 읽은 덕분에 책의 모든 내용을 외우고 있었던 것입니다. 그렇다면 '내가 굳이 책을 읽어 줄 필요가 있는 걸까?'라는 생각을 할 수도 있겠지만, 아이는 엄마가 읽어 주는 것을 너무 좋아합니다. 꼭 엄마나 아빠가 아이에게 책을 읽어 주세요!

부모가 책을 읽어 주면 구연동화 CD와는 달리 아이의 모습을 보면서 페이지를 넘기는 속도를 맞출 수도 있습니다. 천천히 그림을 보고 싶은 아이도 있을 것입니다. 뒤에 이어질 내용이 궁금해서 재촉하는 아이도 있을 것입니다. 내 아이가 원하는 스타일로 책을 읽어 주겠다고 마음속에 기억해 주세요! 그리고 다 읽은 책의 감상도 물어 보세요! 책의 내용을 요약하거나 다른 사람에게 설명하기 위해 머리를 쓰게 되고, 이 과정을 통하여 단어가 익숙해지게 됩니다. 또한 부모의 입장에서도 아이의 생각과 호기심을 알 수 있는 기회가 됩니다. 단, 아이가 싫어하는데도 억지로 책의 감상을 물어보는 것은 하지 마세요!

도서관에는 아이의 미래를 열 수 있는 열쇠가 가득해요!

아이가 혼자 걸을 수 있는 나이가 되면 꼭 도서관에 가 보는 것을 추천합니다. 매일 집에 있는 책을 읽어 주고 있다는 엄마들도 있겠지만, 집에 있는 책만으로는 부족하고 아무래도 부모가 관심 있는 분야의 책으로 치우칠 우려가 있습니다. 그런데 도서관에 있는 책은 「선별된 책」입니다. 특히 어린이용 책이라면 안 좋은 책은 분명 가져다놓지 않았을 것입니다. 아이와 함께 다양한 종류의 책 중에서 고르는 것 자체도 매우 즐겁습니다.

아이가 책을 좋아해 준다면 괜찮겠지만, 아이들 중에는 책을 거부하는 아이도 있습니다. 그런 아이에게는 결코 억지로 강요하지 마세요! 책을 정말 싫어하게 되고 맙니다. 저희 집에서도 딸은 책을 매우 좋아하는 데 비해, 아들은 제가 읽어 주는 단계에서부터 거부했었습니다. 이렇게도 저렇게도 해보았지만 싫다고 하니 어쩔 수가 없었습니다. 하지만 여기서 쉽게 단념하지 않고 여러

아이는 엄마가 읽어 주는 것을
너무 좋아합니다. 꼭 엄마나 아빠가
아이에게 책을 읽어 주세요!

가지 방법을 시도해 보았습니다. 그랬더니 아들은 그림책 등의 지어낸 이야기는 싫어하지만, 전철 도감이나 지도 등은 책 속에 빨려 들어갈 듯이 집중해서 본다는 사실을 알게 되었습니다. 도서관에 아들을 데리고 가면 정말 그 책을 빌릴 생각인지 물어보고 책을 고릅니다. 부모라고 해도 아이의 취향을 전부 파악하고 있는 것이 아닙니다. 또한 부모가 고른 책에는 아무래도 부모의 취향이 들어가 버리고 한쪽으로 치우치게 됩니다. 서점이나 도서관에 함께 가게 되면 '내 아이가 이런 쪽에 관심이 있었나?'라는 새로운 발견을 할 수 있을 것입니다.

아이가 좋아하는 책을 찾아내면 좋아하는 분야를 제대로 파고들어 끝까지 펼칠 수 있도록 해 주세요! 놀라울 정도의 호기심과 집중력을 가지고 읽을 것입니다. 곤충을 좋아한다면 곤충 책을 엄마도 함께 찾아 주세요! 이야기책을 좋아하는 아이라면 마음에 드는 책의 저자가 쓴 다른 이야기책도 찾아서 보여주면 틀림없이 기뻐할 것입니다. 책을 읽으면 자신이 아닌 다른 사람의 경험과 인생을 간접체험 할 수 있다는 멋진 장점이 있습니다. 누구든지 인생은 딱 한 번뿐입니다. 그런데 책을 읽음으로써 다양한 인생을 간접적으로 알 수 있습니다. 자신이 주인공이 된 것처럼 함께 기뻐하기도 하고 때론 슬퍼하기도 하며 손에 땀을 쥐는 모험을 하기도 합니다.

책 속에는 일상생활에서는 맛볼 수 없는 세계가 펼쳐져 있습니다. 어릴 때 맛본 감동은 어른이 된 이후에도 퇴색하지 않고 언제까지나 마음속에 남아있을 것입니다. 책은 어른이 되고 나서도 읽을 수가 있지만 아이와 어른은 감수성이 다릅니다. 사고방식도 바뀌게 됩니다. 반드시 지금부터 좋은 책에 둘러싸인 환경을 만들어 주세요! 어렸을 때만 맛볼 수 있는 감동과 기쁨은 평생의 보물이 됩니다.

문제를 푸는 것만이
공부가 아니에요!

아이는 왜 공부를 해야 하는 걸까요? 만약 아이로부터 "왜 공부해야 해요?"라는 질문을 받는다면 여러분은 어떻게 대답하겠습니까? 아이의 나이에 따라 대답해 주는 방법이 달라질 것입니다. 어린 아이라면 공부한 것이 바로 일상생활에 직접적인 영향을 주게 됩니다. 저는 현재 중학생과 고등학생의 공부를 지도하고 있지만, 초등학교에서 배우는 것들이 모든 공부의 기본입니다. 초등학교 때까지의 공부에서 부족한 점이 있으면 중학교 공부를 따라갈 수 없습니다. 그 상태로 학교를 졸업하고 사회에 나가면 난처해지는 상황에 많이 부딪힐 수 있습니다. 돈 계산을 잘 못한다면 일상생활이 곤란해집니다. 따라서 책상에서만 공부시킬 것이 아니라 물건을 사러 가서 잔돈을 받는 등, 공부한 성과를 일상생활에 적용하도록 하면 아이도 공부의 필요성을 피부로 느낄 수가 있습니다.

초등학교 고학년 때 배우는 '비율'을 잘 모르는 중학생이 있었습니다. 백화점에서 세일을 할 때 쇼핑을 한 적이 없냐고 물어보았더니 "가긴 하지만 잘 모르니까 적당히……."라는 대답을 했습니다. 이대로 어른이 된다면 어떻게 될까요? 사회에서 제대로 살아갈 수 있을지 사기를 당하지는 않을지 걱정이 됩니다. 또한 다양한 과목의 교과 공부를 함으로써 세상일을 다양한 시점에서 볼 수 있게 됩니다. 예를 들어, 밀가루를 사용한 요리를 배운다면 '가정' 수업입니다. 그런데 그 밀가루가 어디에서 생산된 것인지, 어느 나라가 밀가루를 가장 많이 생산하고 있는지 등의 관점에서 보면 '사회' 수업이 됩니다. 그리고 먹은 밀가루가 어디에서 소화되는지를 생각한다면 '생물' 수업이 되고, 밀가루가 물에 녹는지를 생각한다면 '화학' 수업이 되는 것입니다. 이 말은 사람에 따라 혹은 관점에 따라 가치관은 바뀌는 것이라는 사실을 알려 주고 있습니다. 아이의 시야를 넓히고 생각하는 힘과 발상을 확장시키는 것과도 연결됩니다. 그리고 많은 지혜와 지식이 있어야만 새로운 아이디어나 생각도 떠오릅니다.

"왜 공부하는 걸까요?"라는 질문을 받았을 때 "좋은 대학에 진학하고, 좋은 직장에 취직하기 위해서요."라고 대답하는 사람도 있을 것입니다. 그런데 예전과 달리 아무리 좋은 학벌에 훌륭한 회사에 취직한다 해도 앞으로 무슨 일이 일어날지는 모릅니다. 장래는 보장되어 있는 것이 아니기 때문입니다. 공부라는 것은 주어진 문제를 풀기 위해 하는 것만이 아닙니다. 공부로 얻을 수 있는 것은 지식과 지혜! 그 외에도 공부를 통하여 자기 자신을 알 수 있습니다. 이 점을 아이에게도 꼭 전해 주세요!

아이 스스로 자기만의 공부법을 찾을 수 있게 해 주세요!

학교나 학원에서 내주는 과제를 열심히 하는 것은 중요합니다. 하지만 시킨 것만 하는 것은 바람직하지 않습니다. 무엇을 하면 좋을지를 스스로 생각할 수 없는, 지시를 기다리는 사람이 되고 맙니다. 엄마로부터 "공부 좀 해!"라는 말을 들어도 아이는 '무슨 공부를 해야 하지?'라는 생각을 하게 되고, "성적이 왜 이런 거니?"라고 야단을 맞아도 '성적을 올리려면 무슨 공부를 해야 하지?'라는 생각을 하게 됩니다.

요즘 아이들의 공부는 학교와 학원에서 내주는 과제를 하는 것이 대부분입니다. 과제를 끝낸 것만으로 만족하여 스스로 의문을 가지고 분석하고 해결하기 위해서 무엇을 하면 좋을지 생각하려고 하지 않습니다. 공부하는 방법에 있어서도 똑같은 논리가 적용됩니다. "매일 ○시부터 ○시까지는 공부하세요!"라는 말을 듣고 고분고분하게 말을 잘 들었다고 해도 그것이 그 아이에게 가장 좋은 공부법이 아닐 수도 있습니다. 시간을 활용하는 법이나 계획을 세우는 법 등도 자기 스스로 생각하는 것이 중요한 것입니다. 남이 하라는 대로 하는 것이 아닙니다. 자신이 가장 효과적으로 공부할 수 있는 시간대가 아침인지 밤인지, 몸 컨디션이 별로 좋지 않을 때는 어느 정도에서 휴식을 하는 것이 좋은지, 기분이 안 좋을 때는 무엇을 하면 기분전환이 되는지 등을 생각하게 되면 스스로 자기 자신을 잘 알 수 있습니다.

고등학생이 되면 기분전환이나 체력 단련을 위해 한밤중에 뛰는 남학생들이 있습니다. 그들은 모두 "힘들지 않아요! 오히려 즐거워요!"라고 말합니다. 제 아들도 가끔 늦은 밤에 "잠깐 뛰고 올게!" 하고는 나갔었습니다. 자신을 이해하고 자신에 대해 생각함으로써 여러 가지 방법으로 스트레스를 발산하거나 새로운 즐거움을 발견하는 경우도 있는 것입니다. 자신이 어디가 약한지, 어떤 교재가 잘 맞는지, 어떤 대책으로 극복해야 하는지 스스로 생각하고 행동하는 능력이 몸에 배면 어른이 되고 나서도 생활에 크게 도움이 됩니다.

엄마는 아이를 위한다는 생각에 이것저것 참견을 하기 쉽습니다. 그런데 긴 안목으로 보면 어떨까요? 어렸을 때부터 부모가 모든 것을 지시하고 있다면 아이는 자기 것으로 만드는 것이 어려울 수 있습니다. 특히 엄마가 하라는 대로 말을 잘 들어온 「착한 아이」는 중학생이나 고등학생이 되어 힘들어하는 경우가 많습니다. 스스로 계획을 세울 수가 없기 때문입니다. 초등학생일 때부터 공부하는 시간과 공부 방법도 아이 스스로 생각하게 하고 함께 이야기를 나누면서 결정하도록 하세요! 생각했던 것만큼 잘 풀리지 않을지도 모르지만, 이때 엄마가 느긋하게 기다려

줄 수 있는지에 따라 아이의 장래가 바뀌게 됩니다.

공부를 싫어하는 아이로 만드는 사람은 누구일까요?

갓난아기들은 호기심이 왕성해서 한 순간도 가만히 있지 못합니다. 모든 것을 손으로 만져 보고 무엇이든 입에 넣어 보고 어디든 가려고 움직입니다. 위험해지지 않도록 계속 지켜봐야 하는 엄마들은 녹초가 됩니다. 한 순간도 아기에게서 눈을 뗄 수가 없습니다. 아주 잠깐 눈을 뗀 사이에 엄청난 일이 생길 수 있기 때문입니다.

원래 인간이란 모르는 것을 알게 될 때 기쁨을 느끼는 법입니다. 해외의 가난한 아이들은 학교에 다니며 공부하는 것이 꿈이라고 말합니다. 우리나라 아이들에게서는 들을 수 없는 말입니다. 왜 이렇게 우리 아이들은 공부를 좋아하지 않는 것일까요?

어쩌면 강요받고 있기 때문이 아닐까요? 만약 매일 해야 하는 집안일에 대해 늘 혼나기만 하고 명령을 받기만 한다면 여러분은 어떨까요? 매일매일 끊임없이 잔소리를 듣고 있다면 진절머리 나게 싫어질 것입니다. 아이의 공부도 마찬가지입니다.

많은 가정에서 아이가 억지로 하지 않고 스스로 즐기며 공부하게 하려고 좋은 성적을 받아 오면 보상을 해 주고 있을지도 모릅니다. 할아버지나 할머니가 용돈을 주는 경우도 자주 있을 것입니다. 그런데, 여기서 잠깐 생각해 주세요! 시험에서 좋은 성적을 받으면 또는 심부름을 하면 뭔가 사 준다는 식의 「보상 시스템」을 만들어서는 안 됩니다. 왜냐하면 보상이 없으면 아무 것도 하지 않는 아이가 되어 버리기 때문입니다. 공부를 똑같이 1시간 한다고 해도 남이 하라고 해서 하거나 보상에 엮어서 하는 것과 '좋아! 해 보자!'라고 스스로 결심하는 것과는 몇 배나 다른 결과물이 나옵니다. 또한 계속 책상 앞에 앉아 있다고 해서 안심하면 안 됩니다. 30분을 집중하는 것과 3시간을 질질 끌며 하는 것을 비교하면 30분 집중하는 것이 훨씬 더 효과가 있습니다.

덧붙여 말하면, 뇌가 집중할 수 있는 시간은 대략 40분이라고 합니다. 열성적인 엄마는 이 사실을 알고는 "자, 공부는 40분만 하고 쉬어!"라는 식으로 시간 관리를 하려고 하겠지만, 이런 방법은 쓰지 마세요! 모든 것을 아이에게 맡겨 주세요! 책상 앞에 앉자마자 곧바로 집중할 수 있는 것이 아닙니다. 모처럼 공부 흐름을 타게 되었을 때 엄마로부터 "자, 이제 쉬자!"라는 말을 듣게 되면 그것은 공부를 방해하는 것입니다. 얼마만큼 공부를 계속할지 그리고 언제 휴식을 취할지의 모든 것을 아이에게 맡겨 주세요! 하지만 아이가 열심히 노력한다면 뭔가 해 주고 싶어지는 것이 부모 마음입니다. 그럴 때는 아이가 좋아하는 음식을 만들어 주세요! 엄마의 사랑을 가득 담아서! 아이와 함께 음식을 만들면 더욱 좋아요!

집안 규칙은 아이와 함께 정하세요!

부모가 결정한 규칙은 부모가 지켜 주기를 바라는 규칙입니다. 그렇기 때문에 아이가 그 규칙을 지켰을 때 기쁜 것은 부모뿐입니다. 아이에게는 아무런 성취감도 없습니다. 유치원생 아이를 둔 부모로부터 상담을 받은 적이 있습니다. 상담한 내용은 TV를 보는 시간은 하루에 1시간으로 정했는데 아이가 다음과 같이 말했다고 합니다. "그런 규칙, 누가 마음대로 정한 거야? 법으로 정해져 있는 거야?" 유치원생 아이가 법이란 말을 꺼내다니 상당히 똑똑한 아이인 것 같습니다. 저는 이 말을 듣고는 좀 더 자세하게 상황을 물어보았습니다. 평소에 부모가 TV를 보고 있는지, 아이가 보는 1시간 이외에는 TV를 꺼 놓고 있는지, 이 두 가지 점이 궁금했기 때문입니다. 제 질문에 부모는 "부모만 보는 TV프로그램은 아이가 잠들고 난 이후에 봅니다. 예능프로그램은 아이와 함께 보고 있고요."라고 대답했습니다. 그리고 부모와 아이가 함께 TV를 보고 있는 시간은 아이가 봐도 되는 1시간에는 넣지 않

초등학생일 때부터 공부하는 시간과
공부 방법도 아이 스스로 생각하게 하고
함께 이야기를 나누면서 결정하도록 하세요!

는다고 했습니다. 다시 말해, 아이만 봐도 되는 것은 1시간이지만, 부모가 보고 싶은 TV프로그램과 아이가 보고 싶은 TV프로그램이 일치하면 몇 시간이든 볼 수가 있다는 것이었습니다. 이것은 누가 봐도 이상한 규칙이지 않습니까? 그런데 부모는 이 모순을 전혀 알아차리지 못하고 있었습니다. 아이 쪽에서는 뭔가 이상하다고 생각하면서도 부모를 납득시킬만한 반론을 할 수 없었을 것입니다. 그래서 어딘가에서 배웠던 '법률'을 기억해내었고 이 말을 들은 부모는 자기 아이가 이런 말도 할 줄 안다는 사실에 깜짝 놀랐던 것입니다.

각 가정에는 게임을 하는 시간, TV를 보는 시간, 놀이를 하는 시간, 공부를 하는 시간 등의 여러 가지 규칙이 있지만, 부모가 일방적으로 결정하지 말고 아이와 함께 이야기를 나누며 결정해 보세요! 그리고 되도록 아이의 입을 통해 'TV는 1시간'이라든가 '공부는 ○시부터' 등의 구체적인 내용을 말하도록 하세요! 또한 규칙을 정하는 데 있어서 매우 중요한 것이 한 가지 더 있습니다. 그것은 '이 규칙을 지킨다면 뭔가를 주겠다.', '성적이 오르면 보수(용돈 등)를 주겠다.', '시험은 ○점 이상만 되면 된다.'와 같은 결정은 절대로 만들면 안 된다는 것입니다. 이런 기준 속에서 자란 아이는 보수가 없으면 아무것도 하지 않는 사람이 되고 맙니다. 또한 부모로부터 시험에서 80점 이상이면 합격이라는 말을 듣고 자란 아이는 90점 또는 100점을 목표로 하지 않게 됩니다. 80점 전후면 된다는 생각에 공부도 그 정도까지만 하고 멈춰 버리게 됩니다.

아이가 해야 할 일을 제대로 해냈을 때는 아낌없이 칭찬해 주세요! 비록 아이일지라도 스스로가 결정한 것을 스스로 해 나가는 것이 가장 성취감이 있고 기분 좋은 일입니다.

TV·게임·핸드폰을 영리하게 사용해 보세요!

일단 한번 몸에 밴 습관이나 버릇을 고치는 것은 매우 어려운 일이기 때문에 무슨 일이든 처음이 정말 중요합니다. 그래서 TV나 게임, 핸드폰도 처음부터 시간이나 사용방법에 관한 규칙을 아이와 함께 정해야합니다. 그리고 아이 뿐만 아니라 부모도 당연히 그 규칙을 제대로 지켜야겠지요. 걸핏하면 "오늘은 봐 줄게!"라는 식으로 규칙을 어긴다면 이후에도 계속 규칙을 지키지 않게 될 것입니다. 규칙을 정하게 되면 부모도 반드시 지켜야만 합니다. 아이는 부모가 하는 말과 행동을 정확히 지켜보고 있습니다. TV는 항상 틀어놓고 핸드폰은 수시로 만지작거리고 있지는 않습니까? 아이에게는 엄격하게 하면서 부모 자신은 대강대강 느슨하게 한다면 아이는 불만을 품습니다.

  어린 아이인 경우에 공공장소에서 떠드는 것을 막기 위해 핸드폰 게임이나 스마트폰으로 놀게 하는 부모도 많은 것 같습니다. 주위 사람들에게 폐를 끼치지 않도록 아이를 얌전히 있게 하고 싶은 마음은 이해가 됩니다. 그러나 어렸을 때는 되도록 핸드폰으로 하는 게임 등은 자제하는 것이 좋다고 생각합니다. 안 좋은 버릇은 금세 생겨서 좀처럼 고치기가 어렵습니다. 초등학교 고학년이 되어 핸드폰의 유혹을 뿌리치지 못하고 공부가 소홀해지는 아이들이 꽤 많습니다. 그 중에는 하루 종일 핸드폰에서 벗어나지 못해 정신과 상담을 받게 되는 아이도 있습니다.

만약 이미 아이가 게임을 그만두지 못하는 난처한 상황이라면 공부를 싫어하게 만드는 것과 똑같은 방법을 사용하면 됩니다. 예를 들어, 무조건 성공해야만 하는 기준 레벨을 준 후에 그것을 못 해내면 불같이 화를 냅니다. "게임 그만둬!"라는 말 대신에 "왜 거기를 잘 못하는 거니?", "어째서 성공 못하는 거야?", "지금 뭐하니?"라는 식으로 질책을 합니다. 농담으로 들릴지도 모르지만, 이 방법은 저희 집에서 실제로 효과가 있었습니다. 게임을 그만두게 하려고 한 말이 아니라 그저 제 자신이 게임을 너무 좋아해서 저도 모르게 내뱉은 말들이었지만, 덕분에 아이들은 그렇게까지 게임에 집착하지 않게 되었습니다. 사람이란 금지당하면 매력적으로 느끼게 되고, 강요받으면 싫어지게 됩니다. 부모는 아이가 공부를 싫어하게 만드는 행동을 하고 게임이 매력적으로 느껴지게 만드는 행동을 하고 있을지도 모릅니다.

게다가 TV, 게임, 핸드폰 모두 눈에 안 좋은 것들입니다. 최근에는 어린 아이들의 노안도 증가하고 있다고 들었습니다. 이것만 생각해도 장시간 사용하는 것은 허락하지 않는 것이 좋겠습니다. 어렸을 때는 밖에 나가서 다양한 경험을 시켜 주는 것이 가장 중요합니다. 그것은 엄마 입장에서는 시간과 노력이 필요한 힘든 일이겠지만, 그 노력과 아이에게 들인 시간은 반드시 결과물로 나타나게 됩니다. 금방은 아니더라도 반드시 눈에 보이게 됩니다.

정리정돈이 잘 되면 성적도 저절로 올라요!

어느 집에 가정교사로 갔을 때의 일입니다. 언제 가더라도 방이 깨끗이 치워져 있고 책상 주변도 정돈되어 있는 중학생 여자 아이입니다. 책상의 책꽂이에도 노트와 교과서가 나란히 잘 세워져 있습니다. 저는 정리정돈을 잘하는 깔끔한 아이라는 생각을 하고 있었습니다. 그런데 문제집의 별책을 찾지 못하거나 시험지나 프린트가 어디에 있었는지 기억을 못하는 일이 비일비재했습니다. 왜 그런지를 생각하며 여학생의 행동을 유심히 보았더니, 시험지나 프린트를 그 시간에 펼쳐 놓았던 노트 사이에 되는대로 대충 끼워 놓고 그대로 책꽂이에 넣어 버리기 때문에 막상 찾으려고 했을 때 찾지 못하는 것이었습니다. 항상 깨끗하게 정리되어 있어서 감동했었는데 그 점은 매우 아쉬웠습니다. 무엇이 어디에 있는지 모른다는 것은 참 곤란한 일입니다. 겉으로 보이는 깨끗함이 아니라 필요할 때 바로 꺼낼 수 있도록 정리해 두는 것이 중요합니다. 학교에서 나눠준 프린트, 숙제 프린트, 쪽지시험지, 시험지 등의 점점 쌓여가는 각종 프린트들을 아이는 어떻게 정리하면 좋을지 모릅니다. 프린트를 잃어버리게 되면 복습을 할수 없게 되어 아이에게는 손해입니다.

학년이 올라갈수록 각종 프린트들을 어떻게 정리하는가가 중요합니다. 저학년일 때부터 이런 경험들이 몸에 배어 있으면 중학교나 고등학교로 올라가면서 점점 더 쉽게 자신에게 가장 편한 방법을 생각해낼 수 있습니다. 저는 이 점에 관해서는 제 아이들에게 아무것도 해 줄 수 없었습니다. 그래서 만약 아이 키우기를 다시 할 수 있다면 아이가 초등학생이 되었을 때 프린트들을 넣을 파일이나 상자를 함께 사 줘야겠다는 생각을 했습니다. 다행스럽게도 제 아이들은 스스로 프린트를 정리하게 되었습니다. 편치로 구멍을 뚫어 파일로 만들기도 하고 노트 안에 풀로 붙이기도 하며 깔끔하게 정리하게 되었고, 그러자 금세 눈에 띌 만큼 성적이 올랐습니다. 이러한 결과에는 저도 깜짝 놀랐습니다. 어디에서 자극을 받았고 누구에게 배웠는지는 여전히 모르지만, 덕분에 프린트들을 잘 정리하면 그만큼 성적이 오른다는 것을 알게 되었습니다. 저는 딸이 사오기 전까지 스프링 바인더용 펀치가 따로 있다는 것도 몰랐습니다. (지금은 아이의 오래된 펀치를 제가 애용하고 있습니다.)

초등학교 저학년이라면 혼자서 잘 할 수 없을 것입니다. 지금은 문구용품 할인매장에 다양한 제품들이 많으므로 꼭 아이와 함께 보러 가서 아이가 직접 정리할 수 있을 것 같은 제품을 고르도록 해 주세요! 어릴 때는 꼼꼼한 분류를 하는 것이 쉽지 않습니다. 그래도 상자나 파일을 준비하여 아이 혼자서 정리할 수 있도록 해 주세요! 겉으로 보이는 깨끗함을 보여주려고 하지 말고, 무엇이 어디에 있는지 알기 쉽고 바로 찾을 수 있는 정리정돈이 되어야 한다고 알려 주세요! 깔끔한 정리정돈이 습관이 되면 성적도 오르고 정리정돈도 되는 일석이조의 효과가 생깁니다!

모아놓은 작은 습관들이
아이의 장래를 만들어요!

공부를 그다지 잘하지 못하는 아이에게서는 여러 가지 부분에서 「의식 저하」와 「주의력 결핍」를 느낍니다. 당연하다면 당연할지도 모릅니다. 문제의 글을 주의 깊게 읽지 않고 푼다면 당연히 틀립니다. 또한 자신이 자주 틀리거나 착각하는 부분을 주의하지 않으면 언제까지나 똑같은 실수만 반복하게 됩니다. 제대로 된 예의범절을 배운 아이는 학원에 왔을 때에 바로 알 수 있습니다. 신발을 가지런히 놓는 것, 이야기를 들으며 대답하는 태도, 학원비 건네는 방법 등의 사소한 일에서도 차이가 납니다. 그 차이는 수업중의 태도나 공부에 그대로 반영됩니다. 물론 너무 어렸을 때부터 일일이 잔소리를 할 필요는 없지만, 아무것도 가르치지 않는 것도 좋지는 않습니다. 가르쳐서 그것을 의식하게 하는 것이 중요합니다. 그 이후에는 의식하지 않아도 저절로 할 수 있게 되는 것이 바로 「습관」이라는 것입니다. 그렇게 되면 아이 스스로도 편해집니다. 그런데 한꺼번에 많은 습관들을 몸에 배게 하려고 하면 힘듭니다. 그러니까 한 가지씩 쉬운 것부터 몸에 배게 하세요! 예를 들어, 초등학교에 들어가면 책가방은 집에 돌아오자마자 곧바로 정해진 장소에 내려놓게 하는 것입니다. 첫 시작이 중요합니다. 공부 습관도 어렸을 때부터 몸에 배어 있다면 편합니다. 우선은 책상 앞에 앉는 것이 중요합니다.

초등학교에 이어 중학교에서도 매우 뛰어나고, 학교와 학원의 수업만 듣고 집에서는 따로 공부를 하지 않는데도 항상 성적이 최상위권인 아이가 있었습니다. 그런데 고등학생이 되고 나서 성적이 계속 떨어지기 시작했습니다. 원래 우수한 아이니까 가르치면 금세 성적이 오를 수 있는데, 성적이 전혀 오르지 않았습니다. 도대체 왜 그런지 이상하다는 생각을 하며 살펴보니 그 아이가 집에서 복습을 하고 있지 않은 것이었습니다. 복습을 꼭 해야 한다고 말해 줘도 소용없었습니다. 그때까지 복습을 한 적이 없었던 것 같습니다. 왜냐하면 복습을 안 해도 선생님의 설명을 한번 듣기만 하면 문제를 풀 수 있었기 때문입니다. 하지만 역시 고등학교에 들어갔더니 내용은 어려워지고 배우는 학습량도 많아졌습니다. 집에서 복습을 안 하면 도저히 머리에 들어가지 않습니

겉으로 보이는 깨끗함을 보여주려고 하지 말고,
무엇이 어디에 있는지 알기 쉽고 바로 찾을 수 있는
정리정돈이 되어야 한다고 알려 주세요!

다. 그런데 집에서 공부를 하는 습관이 없었기 때문에 집에서 책상 앞에 앉는 것 자체가 너무 괴로워 오래 지속하지 못했습니다.

아무리 우수하고 능력이 있어도 노력하지 않는다면 노력하고 있는 아이에게 추월당하게 됩니다. 어렸을 때부터 매일 조금씩이라도 복습을 해 온 아이는 괴로워하지 않고 습관적으로 책상 앞에 앉을 수가 있는 것입니다. 어리면 어릴수록 습관은 몸에 배기 쉽습니다. 고등학생이 된 이후부터는 좀처럼 습관을 만들 수가 없습니다. 노력하고 있는 아이에게는 당연한 것이 노력해본 적 없는 아이에게는 고통스러운 일이 되는 것입니다. 매일 잠깐 동안의 시간만이라도 좋으니까 책상 앞에 앉는 습관을 몸에 배게 하세요!

별거 아닌 심부름에 일석이조의 효과가 있어요!

공부도 중요하지만, 심부름도 꼭 적극적으로 하도록 만들어 주세요! 아이가 심부름을 하게 되면 좋은 점들이 많습니다.

  1. 가족 중의 한 명으로서의 '책임감'을 가질 수 있다.
  2. 심부름을 통해서 '체험'을 할 수가 있다.
  3. 공부로 이어지는 '지식'이 생긴다.

책임감을 가지게 하려고 한다면 무엇인가 한 가지 일을 매일 아이에게 맡기는 것을 추천합니다. 저희 집에서는 욕조에 목욕물 준비하는 일을 유치원 시절부터 고등학교 때까지 아이들에게 맡겨 왔습니다. 남편이 귀가하여 욕조에 목욕물이 없어서 화를 냈다고 해도 그것은 아이들의 일이라서 제가 대신 한 적이 없었습니다. 아이들이 어렸을 때는 "목욕물 준비하는 천재네!"라는 말로 치켜세우는 경우도 있었습니다. 실제로 아이들이 몇 년 동안이나 하다 보니 절묘한 온도로 조정할 수 있게 되었고 제가 목욕물을 준비하는 것보다 훨씬 기분 좋은 목욕물로 온도를 맞추게 되었습니다. 지금은 아이들과 떨어져서 지내고 있지만, 가끔 아이가 준비해 준 욕조에 들어가면 예전 기억도 떠올라서 뭐라 말할 수 없는 행복감을 느끼게 됩니다.

음식 준비를 거드는 일은 일을 요령 있게 해내거나 일의 순서를 생각하게 되는 등 배우는 것이 많습니다. 어린이집에서 아이들에게 양파 껍질을 벗기게 하니 싫어했던 양파를 먹게 되었다는 이야기도 듣게 됩니다. 무엇보다 식사는 살아가는 데 없어서는 안 되는 것입니다. 만약 부모가 병에 걸리거나 예상하지 못한 일이 생길 경우, 아이는 금세 곤란을 겪게 됩니다. 대학생이나 직장인이 되어 혼자 지내게 되어도 갑자기 음식을 만들 수 있게 되지는 않습니다. 평상시부터 음식 준비를 거들면 장래에 아이 자신에게 도움이 될 것입니다.

그것뿐만이 아니라 확실히 공부로도 이어질 수 있습니다. 중학교 3학년 수학을 가르쳤던 때의 일입니다. 「직육면체의 전개도를 그리세요」라는 문제에서 이상하게 전개도를 그리는 아이가 있었습니다. 그래서 아이 자신이 그린 전개도를 오려내어 실제로 접어 보라고 했고 그 아이는 심각한 상태의 모양을 보더니 웃음을 터뜨렸습니다. 평소에 익숙하지 않았던 모양이라면 모르는 것도 이해가 됩니다. 그러나 직육면체는 보통의 상자 모양입니다. 상자를 평평하게 펼쳤던 경험이 없는 것일까요? 물어보았더니 역시 전혀 그런 경험이 없다고 대답했습니다. 속이 빈 과자상자나 종이박스 등을 찢어서 펼치는 것만으로도 상자가 평평해지면 어떤 모양이 되는지를 알 수가 있습니다. 실제로 경험함으로써 알게 되는 것입니다. 처음에는 아이에게 거들게 하는 것 자체로 손이 더 가고 시간도 더 걸립니다. 실패도 할 것입니다. 하지만 모든 것이 아이의 체험이 되고 그 체험으로부터 반드시 학습이 있습니다. 그리고 무엇보다도 <u>아이를 심부름 전문가로 만들면 부모가 편해집니다!</u>

공부를 잘하는 아이와 공부를 못하는 아이의 차이는?

어린 아이는 보통 자기 집에서 일어나는 모든 일들은 다른 집에서도 일어난다고 생각합니다. 100개의 집이 있다면 100개의 집이 모두 다르다는 사실을 티끌만큼도 생각하지 않을 것입니다. 그렇기 때문에 아이는 자신의 아빠가 회사에서 집에 돌아오면 한

손엔 맥주잔을 들고 소파에 기대어 TV만 보고 있는 것을 보며 이 세상의 모든 아빠들은 모두 그렇게 하고 있다고 생각합니다. 엄마가 하루 종일 TV를 켜 놓고 지내는 가정의 아이는 그것이 당연하다고 생각합니다. 아이는 1년 365일 매일매일 부모를 바라보고 있습니다.

부모가 시간만 나면 책을 읽거나 어떤 취미생활을 하거나 일을 하고 있는 가정의 아이들은 이 상황이 어느 가정에서나 똑같다고 생각합니다. 이 차이가 아이에게 미치는 영향력은 상당히 큰 것입니다. 제가 가정교사를 하면서 지켜봐 온 가정 중에서 좋은 대학에 입학한 아이가 있는 가정은 부모가 읽는 책, 특히 비즈니스서나 실용서 등이 다른 가정보다 많이 있었고 만화책은 다른 가정보다 적은 경향이 있었습니다. 이것은 부모 자신에게 공부하는 습관이 붙어 있다는 것의 증거입니다. (만화책은 별로 읽지 않습니다.) 이러한 가정에서는 아이도 '왜 아이는 공부해야 하지?' '어른들은 놀고 있으면서 너무해!'라는 불만은 가지지 않을 것입니다.

휴일에 외출하는 장소도 다른 것 같습니다. 이러한 가정에서는 박물관이나 유적지 등의 다양한 곳으로 아이를 데리고 나가지만, 이렇게 하지 않는 가정 중에는 부모 스스로 아이를 pc방으로 자주 데리고 가는 가정도 있습니다. 또한, 의외라고 생각할지 모르지만, 공부를 잘하는 아이가 있는 가정의 식탁에서는 부모가 공부에 대해 이야기하는 경우가 별로 없습니다. 아이가 스스로 학교나 친구에 관한 이야기를 꺼냅니다. 식사 도중에 공부 이야기를 듣는다면 아이는 밥을 맛있게 먹을 수 없게 됩니다. 단, 즐거운 공부 이야기라면 대환영입니다. 예를 들어, 가족 다함께 속담 퀴즈나 한자 이야기 등을 하면 꽤 화기애애한 분위기가 됩니다. 부모보다는 아이가 퀴즈 문제를 내는 것이 더 재미있어집니다.

아이는 자신이 배운 것을 부모가 모른다면 콧방귀를 뀌며 의기양양해지고 이외에도 자신만 알고 있는 것이 또 없는지 찾게 됩니다. 이후에도 새로 배운 것을 부모에게 이야기해 주게 됩니다. 다른 사람에게 가르칠 때 가장 잘 공부가 몸에 뱁니다. 정확하게 이해하고 머릿속에 들어있지 않으면 남을 가르칠 수가 없기 때문입니다. 따라서 부모가 약간 공부를 못하는 학생 역을 연기하면서 질문을 해 주면 아이는 자신만만하게 설명을 시작합니다. 아이는 잘 설명하기 위해 알고 있는 내용을 머릿속으로 정리해 보면서 확실히 자기 것으로 만들 수 있는 것입니다. 속담 같은 것은 어른이라도 잘못 기억하고 있는 경우가 많습니다. 그래서 속담 같은 화제를 피하는 엄마들도 있지만, 아이와 함께 속담을 찾아보면서 오히려 아이에게 배우면 좋을 것 같습니다. 아이와 함께 즐겁게 공부하고 함께 성장해 나갑시다!

04

「발전하는 아이」로 만들기 위한

Q&A

04

「발전하는 아이」로 만들기 위한
Q&A

아이 혼자만의 방이 필요한가요?

초등학교에 들어가기 전의 아이가 있는 엄마로부터 "공부책상이 필요한가요?", "공부방이 필요한가요?"라는 질문을 받는 경우가 종종 있습니다. 또한 엄마들 중에는 성적이 좋은 아이는 자기방에서 공부를 할 거라는 생각을 하는 엄마도 많습니다. 그런데꼭 그렇지는 않습니다. 공부는 어디에서도 할 수 있습니다. 공부방의 책상이든 부엌의 식탁이든 상관없습니다. 중요한 것은 아이

본인이 공부를 하고 싶어 해야 한다는 점입니다. 아이 스스로 집중할 수 있는 곳이어야 합니다. 무리하여 돈을 들여 아이를 위한 개인 방을 만들거나 책상을 살 필요가 없습니다. 오히려 아이는 원하지 않는데 아이 혼자 쓰는 방으로 만들면 고독감과 소외감을 갖게 되는 아이도 있습니다. 그렇게 되면 공부에 집중할 수 없게 됩니다. 게다가 혼자가 되면 책상 앞에 앉아 있기는 하지만 멍하니 딴 생각을 하게 될 가능성도 높습니다.

공부는 「집중할 수 있는 곳」에서 해야 하는 것입니다. 제 아이들도 초등학교 때까지는 식탁에서 공부하는 경우가 많았고, 남편이 집에 돌아오면 각자 자기 방으로 들어가는 경우가 많았습니다. 중학교에 들어가고 나서는 식탁에서 공부하는 것이 자연스럽게 사라졌습니다. 문제집이나 참고서, 자료, 사전 등 학년이 올라갈수록 필요한 교재가 늘어나기 때문에 아이 자신의 공부 책상에서 하는 것이 편리하기 때문입니다. 고등학생이 되자 집안이 아니라 기분전환으로 도서관이나 카페에서도 공부했었습니다. 나중에 들은 이야기로는 "밖에서 공부하고 올게!"라고 말하며 나갔지만 항상 공부를 했던 것은 아니었습니다. 그렇지만 저는 아이를 100% 믿고 있었습니다. 실제로 카페에서 친구와 아무 말 없이 공부하고 있는 모습을 우연히 본 적도 있어서 전혀 의심하지 않았던 것입니다. 지금에 와서는 그렇게 아이에게 전적으로 맡겼던 것이 잘한 일이었는지 싶기도 하지만, 부모로부터 100% 신뢰를 받고 있다는 사실이 아이에게는 기쁜 일이었을 것 같습니다.

공부하는 장소는 어디라도 괜찮지만, 아이가 스스로 공부하고 싶다는 말을 하게 되었을 때 최대한 아이의 희망이나 요구에 따라 주세요! 가족 간의 대화나 TV 소리가 방해가 되는 경우도 있습니다. 물론 각 가정마다의 사정이 있어서 아이 혼자만의 방을 만드는 것이 어려운 경우도 있을 것입니다. 그 때는 책상만 따로 준바해 주고 가족 모두가 소음이 크지 않도록 협조해 주세요!

정리정돈이 서툰 아이인데,
공부와는 상관없겠지요?

엄마들이 아이에게 가장 자주 하는 말은 "정리정돈 좀 해!" 또는 "방 좀 치워!"라는 말일 것입니다. 공부와 관련 없는 것들이 지저분하게 쌓여있는 책상, 엉망진창 뒤섞인 문구상자, 심이 부러진 연필, 지우개가 없는 필통 등은 공부를 시작하기 전에 해결해야 할 문제입니다. 도대체 정리정돈은 무엇 때문에 하는 것일까요? 공부를 하려고 할 때나 일을 하려고 할 때는 물론이고 다른 어떤 일을 하려고 해도 얼마나 집중할 수 있는지가 중요한 포인트입니다. 공부나 일 등을 하려면 우선 도구들이 깔끔하게 갖추어져 있는 것이 필요해집니다. '자, 해 볼까?'라는 의욕을 가지고 시작하려고 해도 필요한 도구가 없다면 그것을 찾고 있는 사이에 시간이 흘러 버리고, 하고자 했던 의욕은 어디론가 사라지게 됩니다. 이러한 상황은 전혀 충실한 상황이 아닙니다.

예를 들어, 여러분이 음식을 하려고 부엌에 갔다고 합시다. 그곳에서 도마나 칼이 어디에 있는지 몰라서 우선 그것들을 찾는 것부터 시작해야 한다면 어떨까요? 쉽게 음식을 만들 수 없을 것입니다. 도마나 칼이 있는 곳을 알 수 없는 부엌이란 있을 수 없기 때문입니다. 공부도 마찬가지입니다. 정리정돈을 하라고 부모한테 야단을 맞고 떨떠름한 기분으로 정리하는 아이들에게는 정리정돈을 해야만 하는 이유를 명확히 설명해 주세요!

저는 어렸을 때 학교 중간고사나 기말고사 전에 공부를 해야 할 시기가 되면 왜 그랬는지 책상 서랍 안이 신경 쓰여서 정리를 시작했던 적이 자주 있었습니다. 그리고 서랍 안을 부스럭부스럭 정리하다 보면 이런 것도 들어 있었구나 생각을 하며 정리하는 일에 푹 빠지곤 했습니다. 제 자신도 서랍 정리는 학교 시험이 끝난 이후에 해도 된다는 생각을 하긴 했지만, 막상 시험이 끝나면 정리하겠다는 의욕은 아예 없어져 버려서 스스로도 참 불가사의한 일이라고 생각했습니다. 저와 같은 경험이 있는 분이 꽤 많을 것 같습니다. 그런데 평상시에 서랍 안을 정리하여 무엇이 어디에 있는지 잘 알 수 있게 해 놓으면 애초에 시험 전에 정리하고 싶어지는 경우도 없을 거라고 생각합니다.

솔직히 고백하자면, 저는 제 아이들에게 정리정돈을 하라고 말했던 기억이 거의 없습니다. 그 이유는 제 자신 스스로가 정리정돈을 하는 것이 서툴렀기 때문입니다. 하지만 언젠가부터 딸이 스스로 프린트들을 정리하기 시작하면서 방도 깨끗이 치우게 되었을 때 딸의 성적이 올랐습니다. 그것을 보고 역시 정리정돈은 공부할 때도 중요한 것이라고 깨닫게 된 것입니다. 현재는 두 아이 모두 혼자 생활하고 있는데, 지금도 방 상태를 보면 공부를 하고 있는지 안 하고 있는지를 알 수 있습니다. 일을 잘하는 사람의 책상 주변이 깨끗하다는 것도 동일한 원리입니다. 아이에게 정리정돈을 해야 하는 이유를 잘 설명해 주어 혼자서도 정리정돈을 잘 할 수 있는 아이로 만들어 보세요!

아이의 질문에 대답을 잘 못하겠어요!
어떻게 하면 좋을까요?

아이들은 "이게 뭐야?" 또는 "왜 그런 거야?"라는 식의 질문을 정말 자주 합니다. 뭔가를 궁금해 하는 것은 공부의 첫 걸음입니다. 굉장히 바람직한 것입니다. 엄마 입장에서는 아이의 끊임없는 질문 공세에 짜증이 날 수도 있겠지만요.

어떤 엄마로부터 "아이가 유치원에 가는 도중에 보게 된 새의 이름을 저에게 물어보는데요, 찾아봐도 잘 모르겠어요. 어떻게 해야 할까요?"라는 질문을 받았습니다. 그 새의 모습을 사진으로 찍어서 인터넷으로 검색해 보았지만 알 수 없었다고 합니다. 여러분도 아이가 질문을 하면 대답해야만 한다고 생각합니까? 그런데 모든 것을 엄마가 대답할 필요는 없습니다. 엄마가 대답해 주는 것보다 아이와 함께 알아보거나 찾아보는 것이 훨씬 더 중요합니다. 엄마 혼자서만 열심히 답을 찾지 말고 아이와 함께 도서관에 가서 백과사전을 찾아본다든가 새와 관련된 책을 빌려와서 꼼꼼히 읽어보는 것도 좋은 방법입니다. 책을 보면 찾고 있는 새 이외의 다른 새에 대해서도 알 수 있습니다. 새의 생태에 관해서도 알게 됩니다. "저 새의 이름이 뭘까?"라는 단순한 궁금증으로부터 새로운 지식이 머릿속에 많이 들어오게 됩니다.

요즘은 무엇이든 컴퓨터나 스마트폰으로 쉽게 찾아볼 수가 있습니다. 알고 싶어 하는 것을 바로 찾아낼 수 있습니다. 그렇지만 우선은 책으로 찾아보는 것이 좋을 것 같습니다. 알아보는 방법도 여러 가지가 있다는 사실을 아이에게 알려 주는 것이 좋습니다. 답을 알려주는 것이 중요한 것이 아니라 궁금증이 생겼을 때에 그것을 어떤 방법으로 해결할지 또는 어떠한 방법으로 옳은 답을 이끌어낼지 등의 방법을 알려주는 것이 중요하다고 생각합니다. 「지금 먹기 위한 생선을 줄 것인지, 평생 먹고 살기 위한 생선 낚는 법을 알려줄 것인지」라는 말이 있습니다. 아이에게 궁금증이 생겼을 때에 답을 찾아내는 방법을 가르쳐 놓으면 아이가 스스로 찾아내게 될 것입니다. 또한 다른 새로운 방법도 발견하게 될 것입니다.

엄마는 아이로부터 질문을 받았을 때, 지금이 기회라는 생각으로 아이와 함께 답을 찾아 주기를 바랍니다. 답을 찾을 수 없어도 괜찮습니다. 알아보고 찾아내는 것 자체가 중요하기 때문입니다. 앞으로는 컴퓨터나 로봇이 더욱 더 활약하는 시대가 될 것입니다. 그렇기 때문에 인간에게만 가능한 것이 요구됩니다. 지금부터 앞으로의 세상을 살아가야 하는 우리 아이들에게는 명확한 답이 나오지 않는 문제를 생각하고, 그 답을 알아낼 방법을 찾아보고, 유연한 발상을 자유롭게 하는 등의 생각하는 힘이 무엇보다 필요해질 것입니다.

아이의 공부를 옆에서 끝까지 지켜봐야만 하나요?

부모가 항상 옆에서 가르치고 있다면 혼자서는 공부를 할 수 없는 아이가 됩니다. 부모가 옆에 없게 된 순간에 해방감으로 가득차서 공부를 하지 않는 아이가 될 수 있습니다. 이러한 이유 때문에 부모가 아이 옆에 착 달라붙어 공부하는 모습을 지켜보는 것은 찬성할 수 없지만, 처음에 노트 사용법을 알려준다거나 가끔씩 조언을 해 주는 것은 필요하다고 생각합니다. 단, 부모 자신의 공부 방식을 아이에게 너무 강요하는 것은 권하지 않습니다. 최근에는 뇌과학이나 심리학, 그리고 공부법까지도 연구가 진행

엄마가 대답해 주는 것보다 아이와 함께
알아보거나 찾아보는 것이 훨씬 더 중요합니다.

되어 부모 시대의 낡은 방식은 쓰지 않는 경우가 있습니다. 더욱 효율성이 좋은 방식이나 능력을 향상시킬 수 있는 방법이 있을 수 있습니다. 특히 부모 자신이 직접 해 보고 잘 되지 않았던 것을 아이에게 시키는 것은 그만두어야 합니다.

아이에게 "영어 단어를 매일 10개씩 외워!"라고 강요하는 엄마도 있을 것입니다. 여러분은 학창시절에 이 방법이 성공했었습니까? 물론 아이가 하고 싶다고 말한다면 괜찮습니다. 저희 집의 경우, 남편과 저는 서로 학년도 다르고 성격도 달랐지만, 두 아이가 모두 고등학생일 때 어느 인터넷 강의 때문에 함께 좌절했던 경험이 있습니다. 매월 집으로 배송되는 강의 교재가 계속 쌓이기만 하더니 결국에는 그만두게 되어 둘이서 함께 웃었던 적이 있습니다. 이러한 두 사람에게서 태어난 딸과 아들! 아이들도 역시 성격도 다르고 공부하는 스타일도 다른데, 두 아이 모두 첨삭을 해 주는 똑같은 인터넷 강의를 해 보고 싶다는 말을 꺼내서 한 번 시도해 보았습니다. 결과는 예상대로였습니다. 두 아이 모두 부모인 남편과 저의 경우와 마찬가지로 교재가 쌓여만 가는 상황이 벌어졌습니다. 가족 모두 좌절하게 되었지요. 덧붙여 말하면,

그 인터넷 강의는 당시에 고등학생 대상의 강의밖에 없었는데, 지금은 초등학생 대상도 생겼습니다. 이웃집 아이가 6년 동안 계속 해 왔다는 이야기를 듣고 우리 가족은 존경의 눈빛을 하며 우리 가족은 왜 안 되는 것인지 의아해하며 크게 웃고 넘겼습니다.

아무튼 부모가 하라는 대로만 하는 것은 좋지 않습니다. 부모가 하는 말 그대로 행동할 때에는 아이가 생각하는 힘을 키울 기회가 사라지고 맙니다. 또한 힘든 일이 생기면 공부하지 않아도 된다거나 80점 받으면 합격이라는 식의 공부에 제한을 두는 말은 하지 마세요! 공부하며 발전해 나가는 아이에게 일부러 브레이크를 거는 것입니다. 실패한다고 해도 괜찮습니다. 실패로부터 배우는 것도 많습니다. 부모 입장에서 내 아이가 과연 할 수 있을지 걱정이 되어도 아이 자신이 하고 싶다는 것은 해 보도록 그냥 놔두세요! 부모가 하지 못하게 해서 그만두는 것과 아이 자신이 해 보고는 안 되겠다는 생각이 들어 그만두는 것과는 큰 차이가 있습니다. 아이가 스스로 시도해 보고 가장 적합한 공부 스타일을 찾아내는 것이 중요합니다.

노트가 지저분하면 성적이 안 오른다는 말이 사실인가요?

노트가 지저분하고 엉망진창인 아이는 역시 공부를 못합니다. 그렇다고 노트를 아주 깔끔하고 정성스럽게 쓰면 괜찮은 건지 묻는다면 그것만으로 완벽한 것도 아닙니다. 우선 글씨가 너무 지저분한 노트는 아이 자신도 글씨를 읽을 수 없습니다. 노트에 계산 문제를 풀 때 세로줄이 가지런하지 않으면 계산 실수를 합니다. 나중에 검산을 하기 위해서나 단순 실수를 방지하기 위해서도 우선은 깔끔하게 노트를 적는 것이 중요합니다.

글씨를 쓰고 있을 때 점점 글자가 사선이 되는 아이도 있습니다. 이러한 경우는 글씨를 쓰는 자세가 바르지 않은 것이 원인일 때가 많으므로 우선은 아이가 글씨를 쓸 때 등을 꼿꼿이 세우고 있는지를 확인해 주세요! 그리고 노트를 글자들로 꽉꽉 가득 채우는 것도 별로 좋지 않습니다. 나중에 빼먹은 것이나 주의사항을 추가로 써넣으려면 공백을 남겨 놓는 것이 좋습니다. 다음으로, 글씨는 예쁘지만 학습력 향상의 관점에서 생각하면 문제점이 많은 노트가 있습니다. 다양한 색깔 볼펜을 사용하여 너무 컬러풀한 노트도 포함됩니다. 알록달록하다보니 무엇이 중요한 것인지를 한눈에 알아보기 힘들기 때문입니다. 세 가지 색 정도로 각 색깔을 구분하여 사용하는 것이 좋다고 합니다. 또한 글씨를 예쁘게 쓰는 것에 너무 치중하여 글씨 쓰는 속도가 늦어지는 것도 좋지 않습니다. 처음에는 글씨를 정성껏 쓴다는 것에 중점을 두어도 좋지만, 쓰는 속도를 올리지 못한 채 중학교와 고등학교로 가게 되면 시험 때 제한시간 안에 모든 문제를 풀 수 없는 사태가 벌어지게 됩니다. 어느 정도로 예쁘게 쓸 수 있게 되었다면, 이제는 빠르게 쓸 수 있도록 조언해 주세요! 지저분한 노트든 깔끔한 노트든 무엇을 위한 필기인지를 생각하는 것도 중요합니다. 노트를 만드는 것에만 전념하고 있다거나 칠판에 적힌 내용을 베끼는 것만으로 만족하는 아이가 있기 때문입니다.

새 학년이 되어 교과목의 첫 수업인 경우라면 물론 칠판의 내용을 베끼는 것에서 시작합니다. 하지만 학년이 올라가고 나서도 머릿속에는 전혀 들어오지 않고 기계처럼 베껴 쓰고만 있다면 아무 의미가 없습니다. 공부를 잘하는 아이는 노트가 다릅니다. 그렇다고 해서 공부를 잘하는 아이의 노트를 따라하는 것 역시 의미가 없기는 마찬가지입니다. 아이 스스로가 기억하지 못하는 부분이 어디인지, 중요한 부분이 어디인지, 어떻게 하면 자신이 가장 기억하기 쉬운지를 알아야 합니다. 나중에 다시 펼쳐본다는 생각으로 노트를 만들도록 해 주세요! 또한 그저 노트를 쓰기만 하는 아이들이 대부분인데, 어릴 때부터 자신이 쓴 노트를 매일 다시 펼쳐보는 습관을 들이면 성적이 향상되는 폭은 확연히 달라질 것입니다.

어떤 학원에서 공부하는 것이 좋을까요?

학원에 관하여 저에게 자주 하는 질문 중에 다음과 같은 것이 있습니다.

앞으로 어떤 학원에 아이를 보내면 좋을까요?

현재 다니고 있는 학원에서 성적이 오르지 않는데, 이 학원으로 괜찮을까요?

학원을 여기저기 알아보고 있는데, 마음에 드는 학원을 못 찾겠어요.

개별적으로 질문을 받았을 때는 그 아이의 성적이나 성격을 감안하여 어떠한 학원이 좋은지, 지금 다니고 있는 학원이 아이와 맞는지, 아이에게 더 적합한 학원이 어디인지 등의 조언을 할 수가 있습니다. 그런데 사람들이 많이 모인 장소에서 어느 학원이 좋냐는 질문을 받으면 대답하기가 곤란해집니다. 왜냐하면 아이에 따라 「좋은 학원(아이의 성적이 오르는 학원)」이라는 것은 다르기 때문입니다.

엄마들은 우수한 아이들이 많이 다니고 있는 학원이 '좋다'고 생각합니다. 저도 예전에는 그렇게 생각했었지만, 내 아이와 너무 실력 차이가 나는 우수한 아이들만 모여 있는 학원에 다니게 되면 아이는 의욕을 잃어버립니다. 30점 정도밖에 못 받는 아이가 90점을 받는 아이들이 많은 학원에 가면 우선 수업을 따라갈 수가 없습니다. 아이 스스로 '나는 어차피 못해!'라는 생각이 들어 공부할 마음이 생기기는커녕 지레 포기하고 아무것도 하지 않게 됩니다. 그래서 내 아이의 성적보다 20~30% 상위의 성적인 아이들이 다니고 있는 학원이 좋지 않을까 생각합니다. 따라잡을 수 있을 것 같은 수준이 가장 이상적입니다. 따라잡을 수 있겠다는 생각이 들면 열심히 공부해 보려는 의욕도 솟아날 것입니다.

그렇다고는 해도 가장 중요한 것은 아이가 '나도 할 수 있을 것 같아!'라는 생각을 할 수 있는 학원으로 골라 주는 것입니다. 어떤 아이는 성적순으로 반을 나누는 대형 학원을 그만두고 4~5명밖에 없는 작고 아담한 학원으로 옮겼습니다. 엄마 입장에서는 작은 학원이라서 불안했다고 하지만, 그곳에서 아이가 1등을 하게 되자 갑자기 공부 의욕이 생겨서 열심히 공부하기 시작하더니 갈수록 성적이 올랐다고 합니다. 1등을 하고 기뻐서 공부하는 성향의 아이와 1등을 하고는 이 정도야 쉽다고 자만하여 공부를 대충 하는 아이가 있습니다. 아이에 따라 성격이 다르기 때문에 엄마가 아이와 맞는 학원을 가려서 보낼 수 있도록 해 주세요!

학원의 수준도 중요하지만, 선생님과의 궁합도 매우 중요합니다. 선생님을 너무 좋아하면 공부도 좋아집니다. 능숙하게 잘 가르치는 선생님을 내 아이가 너무 좋아한다면 더할 나위 없이 좋습니다. 그런데 이렇게 딱 들어맞는 상황은 결코 흔하지 않습니다. 좀처럼 적응하기 힘든 학원에서 계속 성적이 오르지 않으면 아이가 괴로워집니다. 학원을 바꾸는 것을 주저하지 말고, 내 아이와 가장 잘 맞을 것 같은 학원을 끈기 있게 찾아보세요!

여동생을 괴롭히는 아들이 미워서 참을 수가 없어요!

같은 부모에게서 태어나 같은 부모가 키우고 있는데도 형제끼리 서로 성격이 다르다는 것은 참 희한한 일입니다. 어떤 엄마가 다음과 같은 이야기를 전하며 상담을 요청했습니다. "첫째인 아들에게는 굉장히 화가 나요. 둘째인 딸은 귀엽지 만요. 그렇다고 해서 아들에게 사랑이 없는 것은 아니에요. 그런데 아들이 여동생을 괴롭히고 있으면 얄미워서 참을 수가 없어요!" 이 엄마가 얄밉다고 말하는 사람은 초등학교 고학년인 남자 아이입니다. 저도 이 아이에게 공부를 가르치면서 처음에는 성격이 안 좋은 것 같다는 생각을 했습니다. (선입견이란 것이 무섭습니다.)

그런데 이 아이에게 점점 적응이 되니까 장난스럽게 히죽 웃는 표정이 귀엽기도 하고 솔직한 면이 있기도 했습니다. 착한 아이라는 생각이 들게 되었습니다. 희한하게도 귀엽다고 생각하면 할수록 정말로 귀여워집니다. 반대로 얄밉다고 생각하면 할수록 얄미워집니다. 제 마음이 그렇다는 것이지만, 저의 이런 마음이 아이에게도 전해져서 시간이 갈수록 어른이 생각하고 있는 모습으로 바뀌어 가는 경우가 있었습니다. 어떤 의미에서 아이는 어른이 기대하는 방향으로 가게 되는 것입니다. 엄마에게 아들을 지켜본 제 의견을 "솔직하고 귀여운 아이에요!"라고 전해드렸더니 "그런 얘기를 들은 건 처음이네요."라며 놀라면서도 기쁜 표정을 지었습니다. 그 이후로는 아이를 대하는 엄마의 태도에서도 엄격함이 무뎌진 느낌이 들었습니다. 이렇게 되자 아이도 점점 더 솔직하고 귀여운 아이로 바뀌게 되었습니다.

아이에 따라 성격이 다르기 때문에
엄마가 아이와 맞는 학원을 가려서
보낼 수 있도록 해 주세요!

형제 중에서 맏이인 아이는 남동생이나 여동생이 생기면 지금까지 자신이 독차지했던 부모의 사랑을 빼앗겨 버렸다고 느낍니다. 부모는 아무래도 동생 쪽에 손이 더 많이 가고 시간도 더 쓰게 됩니다. 그만큼 맏이는 방치가 됩니다. 비뚤어지는 것은 당연한 일입니다. 동생이 보고 있지 않은 곳에서 맏이를 꼭 껴안아 주거나 다정한 말을 걸어 주세요! 이러한 말을 듣고 실제로 유치원생 아이에게 시도해 본 엄마에게 들어보니, 아이가 지금까지 말 못하고 갖고 있던 속마음을 울면서 이야기해 주었다고 합니다.

그리고 자녀가 여럿이라면 아무래도 마음이 더 잘 맞는 아이가 있는 것이 사실입니다. 같은 이야기를 했을 때 좋아하는 아이도 있고 전혀 반응 없이 시큰둥한 아이도 있습니다. 같은 방식으로 기르고 있다고 생각하지만, 그것은 말 그대로 생각 뿐 일 수 있습니다. 같은 엄마 뱃속에서 나왔으니 다 똑같겠지 하는 생각 말입니다. 그런데 아이는 부모와는 다른 인격을 가진 한 사람의 인격체입니다. 형제끼리도 다른 성격, 다른 감성, 다른 흥미를 가지고 있습니다. 아이를 키우는 것은 정말 어렵습니다. 형제에게 같은 말을 해도 각자 느끼는 방법과 받아들이는 방법이 다릅니다.

하지만 부모의 사랑을 원하고 다정하게 대해 주기를 바라는 생각은 모든 아이들이 똑같습니다.

학교 선생님으로부터 아이에 린낸해 심한 말을 들었어요!

세상에는 이런저런 사람들이 있습니다. 학교나 학원의 선생님들도 다양합니다. 훌륭한 선생님도 있고 좀 이상해 보이는 선생님도 있습니다. 마음이 맞는 선생님도 있고 마음이 안 맞는 선생님도 있습니다. 엄마들 중에는 선생님이 하는 이야기는 절대적이라고 믿는 사람도 있지만, 100% 옳은 이야기라는 것은 없습니다. 그리고 선생님이 100% 옳을 수는 없는 것과 같이 부모가 하는 말도 100% 옳을 수는 없습니다. (그래서 고민하고 있는 중입니다.)

이 책에 쓰인 내용도 결코 완벽하지 않습니다. 제 생각과 맞는 사람도 있고 조금 다르다고 생각하는 사람도 있을 것입니다. 사람들 수만큼의 사고방식과 해석방식이 존재합니다. 몇 년 전의 일입니다. 어느 초등학교 5학년 아이의 엄마가 다음과 같은 이야기를 해 주었습니다.

「학교의 학부모 간담회에서 선생님으로부터 "전혀 수업을 못 따라와요. 이런 바보 같은 아이는 본 적이 없어요."라는 말을 들었습니다. 내 아이가 그렇게 뒤떨어졌다고 생각해본 적이 없었고, 학교 수업을 못 따라간다고 생각한 적도 없어요. 보통 수준으로 공부가 되고 있다고 생각했었는데, 왜 이런 말을 들어야 하는지 모르겠어요. 저는 상처를 받았고 아이에게는 화가 나서 참을 수가 없어요.」

이 엄마는 그 날 이후부터 아이를 볼 때마다 안절부절 못하고 불안해져서 아침부터 밤까지 마구 야단을 치게 되었고, 그런 자기 자신을 도저히 멈출 수가 없어서 상담을 받으러 온 것이었습니다. 그런데 아이를 야단쳐서는 안 됩니다. 이렇게 되기 전에 왜 선생님은 연락해 주지 않았던 것일까요? 일단 수업을 못 따라가게 되면 모르는 것이 점점 눈덩이처럼 커져서 어디서부터 어떻게 공부해야 할지 전혀 모르게 됩니다. 지금 가장 곤란한 사람은 아이 자신인데도, 선생님한테는 바보 취급을 당하고 부모한테는 얼굴만 마주쳐도 야단을 맞는 상황입니다. 이런 상황에서는 결코 공부를 할 수가 없습니다.

부모도 선생님도 유념해야 하는 것은, 그 아이가 공부를 할 수 있도록 만들려면 어떻게 도와줘야 할지를 생각하는 것입니다. 선생님도 사람입니다. 선생님이 하는 말이 옳은 경우도 있다면 잘못된 경우도 있습니다. 항상 옳은 말만 하는 사람은 없습니다. 엄마는 우선 아이를 믿어 주세요! 아이의 이야기를 들어 주세요! 하지만 아이의 이야기가 100% 진실이냐 하면 그렇지 않습니다. 그렇기 때문에 무슨 일이 있어도 결코 감정적으로 대하지 말고 주위 사람들에게 상담을 하거나 정보를 모아서 치우치는 일 없이 냉정하게 판단하는 것이 가장 중요합니다.

아이에게 그만 "바보!"라는 말을 해 버렸어요!

해서는 안 되는 말이라는 것을 알면서도 입 밖으로 그 말이 튀어나올 때가 있습니다. 어떤 엄마는 바쁜 아침에 아이가 꾸물거려서 몇 번이고 주의를 주었는데 전혀 말을 듣지 않아서 화가 치밀어 "너, 바보 아냐?"라는 말을 해 버렸다고 합니다. 나중에 하면 안 되는 말이었다고 반성하고는 아이에게 "아까는 미안했어!"라고 사과했더니 아이가 "나도 유치원에 갈 준비를 안 해서 미안해요! 앞으로는 잘 할게요!"라고 말해 주었다고 합니다.

세상에는 절대로 아이에게 사과하지 않는 엄마도 있습니다. 하지만 부모라도 완벽하지 않습니다. 잘못된 일도 하고 감정적이 되는 경우도 있습니다. 그럴 때는 상대가 아이라고 해도 제대로 사과하는 것이 옳은 행동입니다. 사과를 함으로써 위의 엄마와 아이처럼 아이도 솔직하게 사과하고 반성하게 됩니다. 만약 부모가 사과하지 않는다면 아이도 심술을 부리게 되고 제대로 하려는 생각도 안 할 것입니다.

나이를 먹으면 체력은 약해지고 몸 컨디션도 안 좋아져서 머리 회전도 둔해집니다. 그렇게 되었을 때에 자신이 아이를 키웠던 무렵에 했었던 말을 어른이 된 아이로부터 그대로 돌려받는 것입니다. 부모한테 심한 말만 들으며 자란 아이는 나이 든 부모에게 굉장히 심한 말을 하게 됩니다. "지금 뭐 하는 거예요?" "제대로 좀 해요!" "정신 좀 차려요!" 등과 같이 40대 이상이 된 아이가 70대 이상이 된 부모를 향해 소리를 지르며 호통 치는 모습을 자주 봅니다. 분명히 부모가 예진에 그런 식으로 야단만 쳤을 것입니다. 부모도 사람이라서, 해서는 안 될 말을 엉겁결에 입 밖으로 내뱉기도 하고 그만 심한 말을 해 버리는 경우도 있을 수 있습니다. 그런데 아이도 역시 사람입니다. 사람으로서 사과해야 하는 상황에서는 상대가 아이라고 해도 제대로 사과하는 것이 옳은 행동입니다. 이 상황이 앞으로 미래의 자신에게 되돌아올 상황입니다.

서로 솔직하게 사과를 주고받을 수 있는 관계라면 아무리 나이가 든 이후라도 아이와 함께 사이좋게 여행을 떠나거나 선물을 주고받을 수 있을 것입니다. 부모와 자식의 입장이 뒤바뀌게 되어 믿음직스러운 아이에게 무엇이든지 맡길 수 있다는 마음이 들 수도 있습니다. 자신이 잘못했을 때에는 솔직하게 사과하는 것! 타인과의 커뮤니케이션에서는 당연한 일이지만, 부모 자식 사이가 되면 사과하는 것이 잘 안 되는 사람도 있을 것입니다. 하지만 모든 것이 자신에게 되돌아온다는 사실을 꼭 기억해 주세요!

아이의 공부에 대한 상담을 누구와 하면 좋을까요?

아이에 대한 상담을 하게 되는 상대라고 하면, 지금은 '아이 학교 친구의 엄마'와의 교류가 중요해졌습니다. 같은 나이대의 아이를 키우는 엄마 사이라서 다양한 정보 교환을 할 수 있어서 매우 도움이 될 것입니다. 특히 같은 유치원과 학교, 그리고 같은 학원에까지 다니는 아이가 있다면 선생님에 관한 것이나 학교에서 일어난 일 등 아이가 이야기해 주지 않았던 것들을 알게 되는 기회도 있을 것입니다. 그런데 공부해 대한 이야기가 되면 조금 다른 시각이 필요합니다. 지금까지 계속 말씀드린 것처럼 아이의 공부의 기본을 만드는 것은 '가정'입니다. 그리고 가정이라는 것은 각 가정마다 환경과 사정이 많이 다릅니다. 모든 가정이 다 다르다고 해도 과언이 아닙니다.

그렇기 때문에 아이의 공부에 대해 상담을 하거나 조언을 구한다면 아이의 가정(=여러분의 가정)과 되도록 같은 환경에 있는 사람에게 물어봐야 합니다. 같은 환경이라는 조건을 생각할 때는 엄마는 직장을 다니는지, 아빠의 직업은 무엇인지, 형제는 있는지, 아파트인지 단독주택인지, 살고 있는 지역이 어디인지, 조부모와 함께 살고 있는지 등등을 알아봐야 합니다. 당연히 경제적으로도 비슷한 가정이 좋을 것입니다.

'아이 학교 친구의 엄마' 이외에 아는 사람이 많지 않다면 여러분의 동급생 중에서 상담해 줄 사람을 찾아보는 것도 방법입니다. 단, 고향이 지방인 경우에 도시 쪽으로 올라왔다면 환경이 많이 달라집니다. 환경이 비슷하고 여러분이 생각할 때 아이를 잘 키우고 있다고 생각되는 사람을 찾아보세요! 그런 사람은 그 자녀를 보면 바로 알 수 있습니다. 아이답게 매우 활달하고 행복해 보이는 아이의 엄마라면 분명 많은 것을 배울 수 있을 것입니다. 결코 아이의 성적만으로 판단하지 마세요! 아무리 우수해도 엄마가 늘 잔소리를 많이 하고 아이도 기운이 없다면 그런 엄마와 아이는 안 됩니다.

아이의 나이는 여러분의 아이보다 5살 정도 많은 아이가 좋습니다. 이보다 나이차가 더 나면 정보가 오래되었거나 교육제도가 바뀌었을 가능성이 있습니다. 반대로 여러분의 아이와 나이가 비슷한 또래라면 경쟁심이 있어서 중요한 것은 알려 주지 않는 경우도 있으므로 주의해야 합니다. 또한 부모의 나이도 의외로 중요합니다. 왜냐하면 시대에 따라 사고방식도 바뀌기 때문입니다. 아이 키우기에 관한 연구도 활발히 진행되고 있습니다. 예를 들어, 예전에는 갓난아기를 자주 안아 주면 손을 타서 엄마가 힘들어지므로 자주 안아 주지 않는 것이 좋다는 말을 들어왔지만, 지금은 그런 말을 하지 않습니다.

인터넷 덕분에 지금은 우리나라는 물론이고 세계 곳곳의 여러 엄마들의 이야기를 알 수도 있습니다. 하지만 그 지식과 정보들이 여러분과 여러분의 아이에게 정말 도움이 될지 아닐지는 분별력 있게 잘 판단하여 취할 것은 취하고 버릴 것은 버려야 한다는 사실을 기억해 주세요! 아이들이 자라는 환경은 제각각 다르지만, 사람들의 수만큼 아이를 키우는 사례들도 많습니다. 혼자서 고민에 빠지는 것보다는 누군가에게 상담을 하면 바로 해결되는 경우도 있습니다. 꼭 좋은 상담을 해 줄 수 있는 사람을 만나서 여러분도 아이도 즐겁고 행복해질 수 있기를 바랍니다.

환경이 비슷하고 여러분이 생각할 때
아이를 잘 키우고 있다고 생각되는 사람을
찾아보세요! 그런 사람은 그 자녀를 보면
바로 알 수 있습니다.

아무리 시간이 걸려도 아이는 반드시
엄마의 바램에 응답해 줍니다

한창 아이를 키우고 있을 때는 이 상황이 언제까지나 계속될 것만 같았습니다. 아이 키우기가 끝나고 나서야 깨닫게 된 것은 제 인생에서 아이를 키우는 시간보다 키우지 않는 시간이 더 길다는 것입니다. 여기까지 읽어 주신 분은 분명 아이 키우기에 열성적인 훌륭한 엄마일 것 같습니다. 그래서 이 책에서 소개한 것들을 이미 실천하고 있을지도 모르겠습니다. 그런데도 생각했던 대로 아이의 성적이 오르지 않는다면 혹시 여러분의 「노력하는 포인트」가 약간 벗어나 있을 수도 있습니다.

어떤 일을 할 때나 이야기를 할 때 다음과 같은 생각을 해 보세요!

'어떻게 하면 내 아이가 즐거워질까?'
'어떻게 하면 내 아이가 즐겁게 책을 읽을까?'
'어떻게 하면 내 아이가 즐겁게 공부를 할까?'

즐겁게 하는 것을 생각하는 것만으로도 엄마와 아이는 계속 편안하고 행복한 기분이 될 수 있습니다. 아이의 의욕을 길러 주고, 공부를 할 수 있는 환경을 만들어 준다면 그 이후에는 아이 옆에서 지켜보기만 하면 됩니다. 아이 스스로 의욕이 생겼기 때문에 부모가 추가로 강하게 밀어붙일 것이 없습니다.

궁극적으로 엄마가 아이의 공부를 위해 해 줄 수 있는 것은 청소와 요리뿐이라고 생각합니다. 맛있는 음식과 깨끗한 집은 어른들의 마음도 설레게 합니다. 이러한 것을 준비해 주는 것이 아이에게 가장 큰 기쁨이 되지 않을까요? 저도 아들이 고3 수험생일 때에는 잘하지는 못해도 열심히 청소만 했었던 기억이 있습니다. 요리를 잘 못한다거나 청소를 싫어한다면 그 중 어느 하나만이라도 열심히 해 보세요! 직장에 다니는 엄마라면 쉬는 날에만 해도 상관없습니다. 아이는 엄마가 자신을 위해 열심히 해 주고 있는 모습을 지켜보고 있을 것입니다. 바로 성과가 나오지 않아도 포기하지 마세요! 무슨 일이든 다 그렇겠지만, 노력이 결과가 되어 나타나기까지는 시간이 걸립니다. 그렇지만 아무리 시간이 걸려도 아이는 반드시 엄마의 바램에 응답해 줄 것입니다.

지금에 와서는 제가 아이들에게 배우는 것이 더 많습니다. 맛있는 레스토랑이 있다며 데려가 주기도 하고, 가고 싶은 곳이 있으면 아이가 미리 사전 답사도 해 줍니다. 외국에 나갈 때는 통역 가이드까지 준비해주네요. 여러분 혼자서는 고민에 빠지게 될 일도 아이들에게 이야기하면 별거 아니라며 바로 해결해 주어 어안이 벙벙해지기도 합니다. 이렇게 아이들로부터의 자상한 말 한마디와 마음 씀씀이에 저는 정말 행복감을 느끼고 있습니다.

많은 부모들이 사이좋은 부모 자식 관계를 쌓아올려서 부모도 아이도 행복하시기를 진심으로 바랍니다.

2016년 12월

구스모토 요시코(楠本佳子)